Impressum

Verantwortlich für Texte und Recherche, Fotos, Layout und grafische Gestaltung: Traude Schubert

Coverfoto:
https://www.pexels.com/de-de/foto/hauser-dorf-landschaft-haus-13319598/

Herstellung und Verlag:
BoD – Books on Demand, Norderstedt

Vielen Dank für die Beachtung.

© 2024 Traude Schubert
ISBN: 9783759721778

Uroma
wusste es noch

Traude Schubert

Wichtige Hinweise

Alle hier aufgeführten Rezepte und Ratschläge können Ihnen helfen.
Sie ersetzen aber im Ernstfall nicht einen Besuch bei Ihrem Facharzt!
Auch ist es ratsam, bei schweren Erkrankungen die Anwendungen mit Ihrem Arzt abzusprechen!
Dies gilt besonders für schwangere und stillende Mütter, sowie für Babys und Kleinkinder!

Bitte testen Sie vor Anwendung, ob sie evtl. allergisch reagieren. Ein klein wenig Salbe oder Öl in die Armbeuge gegeben, zeigt schnell, ob sie das Präparat verwenden können.

Bitte beachten Sie auch unbedingt die Warnhinweise in diesem Buch.

Ich habe so weit wie es möglich ist, fehlende Informationen und Warnungen jeweils hinzu gefügt.

Eine Haftung für die Wirksamkeit wird **nicht übernommen.**
Niemand kann garantieren, dass es wirkt. Doch vieles in diesem interessanten Buch wird auch heute noch angewendet.

Dieses Buch beinhaltet Informationen, Rezepte und Ratschläge aus Zeit um 1910.

Juli 2024   Traude Schubert

Vorwort

Als ich zum ersten mal das kleine Büchlein in Sütterlin –
Druckschrift in die Hand bekam, war ich so um die 10 Jahre
alt.
Da meine Großmutter nur in Sütterlin schrieb, konnte ich die
Informationen lesen. Damals konnte ich noch nichts damit
anfangen. Aber sowohl meine Großmutter, als auch meine
Mutter nutzten das Büchlein immer wieder.

Als meine Oma dann starb, übernahm ich es und verwahrte es
immer gut.
Erst nach meinem letzten Umzug nach Sachsen fand ich es
endlich in meinem Bücherkarton wieder.
Und nun begann ich es mir ganz genau zu betrachten. Einige
der Rezepte und Informationen kannte ich bereits, diese
werden heute noch, oder wieder, gerne genutzt.

Ich fand viele neue Tipps und Hinweise darin. Aber auch
einiges, das man heute nicht mehr nutzt, da man weiß, dass
Zusatzstoffe aus den Rezepten gesundheitsschädlich sind.
Dies habe ich bei der Übertragung der Informationen in

„ Uroma wusste es noch „ vermerkt.
Die manchmal etwas blumigen Ausdrucksweisen und
Beschreibungen des alten Originalbuches,
habe ich weitestgehend beibehalten.

Ich wünsche allen Leserinnen und Lesern viel Freude beim
Lesen, und später beim Aufprobieren der Informationen und
Rezepten.

Viele Grüße Traude Schubert

Inhalt

11

2. Teil Hausarzt

14

16

2. Praktische Winke für Haus und Küche, Kniffe und Ratschläge

Weißt du schon, liebe Hausfrau I :

19

23

3. Ratschläge und Winke zur Schönheitspflege

4. Haus und Garten

Uroma wusste es noch

Der Hausarzt
Wichtige Ratschläge und Mittel

WICHTIG:
Bevor Sie ein neues Medikament oder ein Naturrezept ausprobieren, sollten Sie mit Ihrem Arzt darüber sprechen. Oftmals vertragen sich verschiedene Medikamente nicht, oder sind für Sie nicht optimal.

Bitte beachten Sie auch die Hinweise hier in den Texten!

Eine Haftung meinerseits für Anwendungen wird nicht übernommen!!

Was muss in meiner Hausapotheke sein?
- Baldriantropfen,
- Essigsaure Tonerde,
- Hoffmanstropfen,
- Pyramidon- Tabletten,
- blutstillende Watte,
- Bor- und Zinkcreme,
- Vaseline,
- Thermometer,
- kohlensaures Natron, Brandsalbe,
- Brandbinde,
- Mullbinden,
- Watte,
- Heftpflaster,
- Sicherheitsnadeln,
- ein weißes Tuch für Verbandszwecke.

Erklärungen zu o.g. Mitteln:

Essigsaure Tonerde:
Anwendungen: Verstauchungen, Quetschungen, Prellungen, Zerrungen
Insektenstichen und Schwellungen

Anwendungsgebiete und Wirkung:
- Wirkt schnell bei Quetschungen,
- Insektenstichen,
- Schwellungen und Verstauchungen, z.B. durch Sport- oder Freizeitunfälle oder nach Umknicken.
- Wirkt kühlend und lindernd,
- lässt Anschwellungen und Blutergüsse zurückgehen.
- Auch für Kinder gut verträglich.

Verwendungen:
- Falls nicht anders verordnet 1 Essigsauretonerde - Tablette in 0,5l Wasser lösen und damit Umschläge machen.
- Alle 15-30 min erneuern.
- Sie können die Anwendung beliebig oft wiederholen.

Inhalt
Potassium Alum, Calcium Acetate, Aqua, Solanum Tuberosum Starch,
Cellulose, Calcium Carbonate, Talc, Calcium Sulfate, Tartaric Acid, Gelatin,
Magnesium Stearate, Silica

Hoffmannstropfen
Das Analeptikum gehört in jede Hausapotheke und zählt zu den Medikamenten, die am längsten am Markt sind.
Schon im 18. Jahrhundert fand durch den Arzt von Friedrich I.

von Preußen eine Entwicklung des Produktes statt.
Die Tropfen werden bei Schwäche eingesetzt.
Sie enthalten 73 Vol.-% Alkohol.
Die Gesamtdosis sollte nicht ohne Rücksprache mit einem Arzt
oder Apotheker überschritten werden.

Art der Anwendung
Bereiten Sie das Arzneimittel zu und nehmen Sie es ein. Dazu
geben Sie es auf ein Stück Zucker oder verdünnen es mit
etwas Wasser.

Dauer der Anwendung
Die Anwendungsdauer richtet sich nach der Art der
Beschwerden und/oder dem Verlauf der Erkrankung. In der
Regel sollte die Behandlungsdauer jedoch so kurz wie möglich
sein und nur wenige Tage betragen.
**Wichtig :Bei länger anhaltenden Beschwerden suchen Sie
bitte Ihren Arzt auf.**

Überdosierung?
Es sind keine Überdosierungserscheinungen bekannt. Im
Zweifelsfall wenden Sie sich an Ihren Arzt.

Generell gilt: Achten Sie vor allem bei Säuglingen,
Kleinkindern und älteren Menschen auf eine gewissenhafte
Dosierung.

Im Zweifelsfalle fragen Sie Ihren Arzt oder Apotheker nach
etwaigen Auswirkungen oder Vorsichtsmaßnahmen.

- Eine vom Arzt verordnete Dosierung kann von den
  Angaben der Packungsbeilage abweichen.
- Da der Arzt sie individuell abstimmt, sollten Sie das
  Arzneimittel daher nach seinen Anweisungen   anwenden.

Pyramidon Tabletten:
Wichtig: Werden heute nicht mehr angeboten, da
sie als schädlich eingestuft wurden!

Bor- und Zinksalbe,
zum Auftragen auf die Haut
Äußerlich anzuwendendes Wundheilmittel zur Unterstützung
der Wundheilung, auch bei nässenden, juckenden Wunden,
bei Schrunden und als Decksalbe.
- Unterstützung der Wundheilung
- Schrunden
- Reizung und Rötung der Haut im Windelbereich
  (Windeldermatitis)

Kohlensaures Natron:
Sehr vielseitig verwendbar! Mehr darüber in meinem Buch
„ Segen der Natur Teil 1 und 2 „

* * *

Merke dir:

- **dass frische Wunden** nicht sofort verbunden werden
  dürfen.

- **dass Tiere leicht** zu Krankheitsüberträgern werden
  können.
- So ist es nicht ungefährlich, Hunde oder   Katzen mit ins
  Bett zu nehmen, oder sich von ihnen   lecken zu   lassen.
- Vor allem wasche man sich nach jeder Berührung mit
  Haustieren die Hände.

- **der gesunde, erwachsene Mensch** mindestens im
  Frühjahr und Sommer bei offenem Fenster schlafen
  soll. Am Besten lässt man, wenn möglich, ein
  Oberfenster offen.   35

- **Fliegen** rechte Gesundheitsfeinde sind. Sie setzen sich auf allerlei Schmutz und übertragen dann Krankheitsstoffe auf unsere Nahrungs- mittel.

- **man zur Prüfung der Wärme der Säuglingsmilch** niemals selbst einen Schluck aus der Flasche nehmen darf. So besteht die Gefahr, der Übertragung von Krankheiten.
  Vielmehr gieße man ein paar Tropfen   auf die eigene Hand, *(noch besser ins Handgelenk).*

- **Fleischbrühe** durchaus nicht besonders nahrhaft ist. Sie wirkt einzig appetitanregend. Ihren Nährwert bekommt sie erst durch Abziehen mit einem Ei, oder durch Beigabe von Reis, Gries oder dergleichen. *(Gemüsen).*

3. Der gesundheitliche Wert unserer Obstsorten:

Zitrone / Orange

Als Heilmittel steht die Zitrone obenan. Ihr Saft besitzt die am meisten lösende Wirkung auf alle Schleimhäute und Drüsen des menschlichen Körpers.
Sie löst Ablagerungen von Gicht und Rheuma, auch Stein- und Griesbildungen.
Ihr verwandt in der Wirkung, nur milder, ist die Orange.

Apfel

Der Apfel enthält viel Eisen und ist daher für Blutarme und Bleichsüchtige ganz vorzüglich.
Er ist außerdem rein an Sauerstoff, den er an das Blut abgibt.
Bei Asthma erleichter er die Atmung. Vor allem wichtig ist auch sein Gehalt an Phosphor, womit er die Milz und durch diese wiederum, das Gehirn ernährt..
Schließlich übt der Apfel noch eine beruhigende Wirkung auf das Nervensystem aus, weshalb er von vielen an Schlaflosigkeit leidenden Menschen abends kurz vor dem Schlafengehen genossen wird.

Birne

Die Birne enthält viel Kalk und unterstützt die Knochenbildung.

Kirsche

Die Kirsche zeichnet sich durch nährende Stoffe und viel Sauerstoff aus. Saure Kirschen wirken sehr günstig auf den Darm und beseitigen dessen Trägheit und Verstopfung.   37

Pflaume / Zwetschge

Die Pflaume / Zwetschge, ist außerordentlich nährend
und blutbildend. Sie wirkt treibend auf den Darm.
Ein übermäßiger Genuss kann leicht zu Darmreizung führen.

Pfirsich

Pfirsiche sind ein hervorragendes
Verdauungsmittel und wirken
blutreinigend.

Feigen und Datteln

Feigen und Datteln sind vortreffliche Nährmittel, besonders in frischem   Zustand.

Weintrauben

Weintrauben sind als Kurmittel gegen Gicht, Rheumatismus, sowie auch schlechte Blutmischung unübertrefflich.

Johannisbeeren und Preiselbeeren

Johannisbeeren und Preiselbeeren sind vorzüglich gegen Harnsäure und der Saft erquickend bei Fieberzuständen.

Heidelbeeren

Die Heidelbeere ist reich an Gerbstoffen, weshalb   man sie gerne gegen Darmkatarrh anwendet.

Bananen

Die Banane ist reich an Nährstoffen, weshalb sie mehr als Nährmittel, weniger als Heilmittel in Betracht kommt.

Tomaten

Die Tomate beeinflusst sehr wohltätig Milz und Nieren, reinigt das Blut und wirkt belebend auf die Nerven. Sie übertrifft als Blutreinigungsmittel bei Ausschlägen, Flechten, Ausflüssen beinahe das Obst und kann in jeder Gestalt empfohlen werden.

Ananas

Die Ananas: Sie beinhaltet den Stoff Bromelain. Dieses hochwirksame eiweißspaltende Enzym wird bei der Behandlung von Schwellungen und Entzündungen zum Beispiel nach Sportverletzungen oder bei Rheuma eingesetzt. Kein Wunder also, dass auch der Ananas eine entzündungshemmende Wirkung nachgesagt wird.

Außerdem soll der Wirkstoff den Eiweißabbau
fördern und so die Verdauung unterstützen.

* * *

Empfehlungen bei Beschwerden:

Mit der Abkühlung des Körpers an Waschtagen
- in der überhitzten Waschküche muss man sehr
  vorsichtig sein, um Erkältungen zu verhüten.
- Ein gutes, erprobtes Hausmittel besteht darin, die   Arme
  bis über die Ellbogen in kaltes Wasser zu   stecken.
- So einfach das Mittel ist, so ausgezeichnet wirkt es.

Tipp: Hilft auch sehr gut an heißen Sommertagen!

Gegen Alpdrücken.
- Solche Personen sollten stets mit stark erhöhtem   Kopf
  schlafen, ferner hat es sich bewährt, einen Teelöffel voll
  Magnesia (Magnesium Pulver oder   Kautabletten)
  unter ein großes Glas frischen Wassers zu verrühren und
  dies zu trinken.

Angstgefühle, Herzklopfen usw.
beseitigt man durch Eintauchen der Hände in kaltes Wasser.

Bei Augenbrennen
nimmt man einen mit heißem Wasser getränkten Schwamm
und presst ihn auf die Augen.

Wichtig: Vorsicht, nicht kochend heiß verwenden!

Verschiedene Mittel gegen Asthma.
- Bei Erstickungsanfällen ist Tee von Bockshornklee,
  vermischt mit Honig ein sehr gutes Heilmittel.
  Öfter einen Esslöffel voll nehmen.
- Ebenso helfen auffallend schnell heiße Essigauflagen

auf Brust und Vorderhals beim Auftreten der Anfälle.
Bei eintretender Linderung noch öfters die Lungenpartie des Rückens und
der Brust damit waschen.

- Eine Mischung aus Taubnessel und Brennnessel gibt einen kräftigen Tee, der mit Honig recht gute Dienste leistet. Täglich davon drei Tassen längere Zeit trinken.
- 1 bis 1 ½ Kilo Tannennadeln oder kleingehackte Tannenzapfen in für Litern kaltem Wasser aufsetzen und eine halbe Stunde kochen lassen.
Diesen Absud setzt man dem warmen Badewasser bei. Die Wirkung ist gut und rasch.
Auch Morgens und Abends mit dem Dampfe dieses Absuds inhalieren.

Bockshornklee

Appetitlosigkeit.

- Ein ebenso einfaches als sicher wirkendes Mittel bereitet man sich, indem man Wacholderbeeren, Bitterklee und Wermutkraut je 25 g in zwei Liter Wasser kocht, und auf einen Liter Flüssigkeit einkochen lässt.
- Dann seiht man die Mischung durch und nimmt vor jeder Mahlzeit einen Esslöffel voll kalt.

Bewusstlosigkeit.

- Bei blassem Gesicht (Blutleere des Gehirns) so lagern, dass der Kopf etwas tiefer ist als der Rumpf. 42

- Bei gerötetem Gesicht (Blutüberfüllung des Gehirns) dagegen den Kopf als höchsten Teil lagern, den   Kragen öffnen.
- Bespritzen von Gesicht und Brust mit Wasser,   Einreiben mit Kölnisch Wasser usw.
- Nötigenfalls künstliche Beatmung durch den Notarzt.

Achtung: Notarzt informieren!!

Bettnässen.

Ursache: Der ungewollte Harnabgang während des Schlafes beruht entweder auf seelisch bedingten Druck, oder ist ein Symptom von Nieren-, Blasen- und Scheidenentzündung. Zuckerkrankheit, oder erfolgt bei vorhandensein von Madenwürmern.

Kräutermischung:

20 g   Eichenblätter
15 g   Goldrute
20 g   Johanniskraut
15 g   Odermenning

Anwendung:

- Von dieser Mischung nehme man 1 Teelöffel voll per Tasse Wasser und lasse 4 Minuten kochen.
- Davon verabreiche man dem **Kinde** je nach Alter ¼ bis ½ Tasse voll warm zum Trinken, und zwar   Abends vor dem Schlafen gehen.
- **Erwachsene** nehmen 1 Tasse am Abend vor dem Schlafen gehen.

Information:

- Odermennig (Agrimonia eupatoria) ist ein bei uns   häufig vorkommendes Wildkraut, das auch unter   Namen wie Klettenkraut, Magenkraut,   Fünffingerkraut, Brustwurz oder Königskraut bekannt   ist.

43

- Im Mittelalter galt der Odermennig als eine sehr mächtige Heilpflanze, die u.a. bei Verdauungsbeschwerden oder schwerem Husten verwendet wurde.

Gegen Blasenleiden.

Eine ausgezeichnete Wirkung hat der Hagebuttentee.
Zu Empfehlen sind ferner feuchtwarme Umschläge vom Absud der Kamille.

Gegen Bartflechten

- sind Lehmumschläge von guter Wirkung.

Nahrung für Bleichsüchtige.

- Rohe Eier, vor allem das Eigelb mit geringer Menge Getränk angerührt und allmählich aufgenommen,   sind als Nahrung für Bleichsüchtige sehr zu empfehlen.
- Ebenfalls fettfreies Fleisch von jungen Rindern, kalte Bouillon, frische Milch, in kleinen Mengen, oder öfters genossen.
- Sehr gut ist auch altbackenes Brot, das ohne   Getränkt tüchtig durchgekaut wird.

Wichtig: Vorsicht Salmonellengefahr bei frischen Eiern.

44

Blutsturz:

- Entweder aus dem Magen oder aus der Lunge.
- Ruhige Lagerung, Oberkörper erhöht.
- Eisbeutel auf Magengegend, nicht sprechen und nicht aufstehen.
- Schlucken von Eisstückchen.

Achtung: Arzt rufen!!

Gegen Blutandrang nach dem Kopf:

- dieser wird abgelenkt durch Waschen der Hände, Arme und Gesicht mit kaltem Wasser.
- Hernach fest abreiben mit rauen Tüchern.
- Überraschender Erfolg.

Blutreinigungskuren.

Täglich morgens und abends etwa drei bis vier
Wochen lang, folgende Teemischungen trinken:

20g Wegwarte
20 g Löwenzahn
20g Salbei
20g Sauerampfer

Wirkung:
Kräftigung des Blutes, neben allgemeinem Wohlgefühl ist die sichtbare und fühlbare Wirkung, und damit auch eine Verbesserung der Hautfarbe.

Gegen Hautunreinheiten Holunderblütentee

- oder Schleedornblütentee morgens nüchtern und abends vor dem Schlafengehen je eine Tasse drei bis vier Wochen lang zu sich nehmen.
- Hautunreinheiten verschwinden!

Gegen Blähungen

nehme man dreimal täglich eine Stunde nach der Mahlzeit ein bis zwei Tabletten Märkischer Tierkohle.

Information:

- Als Tierkohle, lateinisch *Carbo animalis*, wird Aktivkohle bezeichnet, die aus verkohltem Rindsleder (Lederkohle) oder tierischem Blut (Blutkohle), Fleisch (Fleischkohle) oder aus Tier-Knochen (Knochenkohle) hergestellt wird.

Medizinische Anwendung

- Medizinische Kohle wurde aus Knochenkohle hergestellt, indem man die mineralischen Anteile mit Salzsäure größtenteils herauslöste.
- Bei der heutigen medizinischen Kohle handelt es sich meist um eine aus Pflanzenmaterial, wie zum Beispiel Holz, hergestellte Aktivkohle.

Tipps:

- Ich selbst habe sehr gute Erfahrungen mit Natron gemacht.
- Entweder einen gestrichenen Teelöffel Natron in einem halben Glas kaltem Wasser auflösen und trinken, danach die gleiche Menge Wasser nach trinken.
- ODER 1-2 Natrontabletten mit 1 Glas Wasser einnehmen.

Brandwunden.

- Den verbrannten Körperteil wickelt man sofort in ein mit Terpentinöl getränktes Tuch und reibt nach einer Stunde mit Glyzerin nach.
- Am nächsten Tage sieht man weder Brandblasen noch Rötungen der Haut.

Achtung: Bei größeren Brandverletzungen wenden Sie sich bitte schnellst möglichst an Ihren Arzt oder an eine Klinik.

* * *

Terpentinöl (gereinigtes) – Terebinthinae aetheroleum rectificatum

Balsam für die Atemwege und den Bewegungsapparat
Terpentinöl ist ein Wirkstoff aus der Kiefer.
- Grundsätzlich wird Terpentinöl aus immergrünen Gehölzen (Koniferen) gewonnen, wobei es sich um verschiedene Kiefernarten handeln kann.
- Der Grundstoff, Terpentin, ist ein Balsam, der durch die Verwundung der Stämme der Koniferen austritt. - Durch Wasserdampfdestillation wird aus diesem Balsam das medizinisch verwendete Terpentinöl hergestellt.
- Terpentinöl setzt sich aus verschiedenen ätherischen Ölen zusammen, die bei innerlicher und äußerer Anwendung nachweislich bei dauerhaften Erkrankungen der Atemwege hilfreich sind, die von starker Schleimbildung begleitet werden.
- Äußerlich eingesetzt nützt Terpentinöl nachweislich gegen rheumatische Beschwerden und Nervenschmerzen.

Inhaltsstoffe des Terpentinöls

- Terpentinöl wird aus dem Balsam von Kiefernadelbäumen gewonnen und enthält einen intensiven Mix aus ätherischen Ölen, die dazu in der Lage sind, eine übermäßige Sekretbildung der Bronchien einzudämmen und Schmerzen bei Rheuma sowie Nervenschmerzen entgegenzuwirken.
- Einen einzelnen Wirksamkeitsbestimmenden Inhaltsstoff hat das Terpentinöl also nicht.
- Terpentinöl setzt sich hauptsächlich aus
α-Pinen (39 bis 87%),
β-Pinen (bis 27%),
Δ3-Caren (14 bis 33%)
und Limonen (etwa 6%) zusammen.

Anwendung bei chronischen Erkrankungen der Bronchien

- Der menschliche Körper ist wahrhaft ein Wunderwerk der Natur.
- Vor allem sein ausgeklügelter Mechanismus zum Bekämpfen von Krankheiten regt immer wieder zum Staunen an.
- So ist beispielsweise die Produktion von Bronchialsekreten (flüssiges oder schleimiges Sekret der Bronchien) eine ganz natürliche Abwehrreaktion, aber nicht nur das:
Das Bronchialsekret dient dazu, dass die Atemwege nicht austrocknen können.
- Zusammen mit anderen Bestandteilen der Bronchien, dem sogenannten Flimmerepithel, sorgt es dafür, dass Fremdstoffe wie Bakterien oder Staub ausgeschieden werden können.
- Zusätzlich enthält es über 40 verschiedene Eiweiße, die wichtig für die Infektabwehr sind.
- Bei manchen dauerhaften (chronischen) Bronchialerkrankungen wie etwa die „chronisch

Lungenerkrankung" (**COPD**) wird jedoch zu viel Bronchialschleim produziert.

- Ursachen hierfür können beispielsweise jahrelanges Rauchen oder die Inhalation von Chemikalien sein.
- Die Erkrankung macht sich durch regelmäßigen (monatelangen) Husten und Auswurf bemerkbar.
- Ob gereinigtes Terpentinöl speziell gegen **COPD** wirkt, wurde noch nicht untersucht.
- Fakt ist aber, dass Terpentinöl der übermäßigen Produktion des Bronchialsekretes **entgegenwirken kann**, was heute in der Praxis als alleiniges Mittel (Monopräparat) jedoch kaum noch Anwendung findet, weil Terpentinöl eine ganze Reihe unerwünschter Wirkungen z.B. durch Inhalation nach sich ziehen kann.
Siehe Risiken und Nebenwirkungen.
Achtung: Sprechen Sie mit Ihrem Arzt darüber!

Gereinigtes Terpentinöl besitzt jedoch auch eine ganze Reihe positiver Eigenschaften.
Deshalb wird es vorrangig in Kombination mit anderen Pflanzenextrakten eingesetzt.

In der **Volksmedizin** wird Terpentinöl **innerlich** bei
- Blasenentzündungen,
- Gallensteinen und
- Phosphorvergiftungen eingesetzt.

Äußerlich findet es bei
- Krätze,
- Verbrennungen und
- Erfrierungen,
- zur Desinfektion und
- zur Abwehr von Mücken Anwendung.

Anwendung bei rheumatischen Beschwerden und bei Nervenschmerzen

- Seltener als bei chronischen Atemwegserkrankungen wird Terpentinöl auch bei rheumatischen Beschwerden und Nervenschmerzen eingesetzt.
- Vor allem Beschwerden durch Rheuma verursachen häufig Schmerzen der Muskulatur und der Gelenke.
- Nervenschmerzen hingegen entstehen durch die Schädigung eines Nervens wie es oft bei einem Bandscheibenvorfall vorkommt.
- Bei äußerlicher Anwendung von gereinigtem Terpentinöl kommt es zur Gewebereizung der betreffenden Stelle.
- Dadurch wird die Durchblutung gefördert und Schmerzen können in Folge nachlassen.

Darreichungsform und Dosierung des Terpentinöls

- Die Anwendung von Terpentinöl als Hausmittel ist theoretisch möglich.
- Aufgrund der Fülle an Anwendungsbeschränkungen möchten wir Sie jedoch bitten, auf Fertigarzneimittel zurückzugreifen, die eine genaue Dosierung ermöglichen.

Bitte beachten Sie:

Risiken sind bei der Anwendung von bestimmungsgemäßen Dosen des Terpentinöls nicht zu erwarten.
Sprechen Sie die Anwendung aber mit Ihrem Arzt ab!

Achtung:

- **Bei Säuglingen und Kleinkindern darf keine** Anwendung im Bereich des Gesichtes, speziell der Nase, erfolgen.
- Es kann zur Unterdrückung der Atemfunktion und nachfolgend zum Atemstillstand kommen!
- Auch kann ein Krampf der Zungenmuskulatur auftreten.

- Trotz der Anwendungsbeschränkungen speziell für Kinder ist anzumerken, dass Todesfälle von Kindern, die in der Literatur beschrieben werden, auf Lösungsmittel für Farben und Lacke zurückgehen.
- **Die tödliche Dosis für 1- bis 3-jährige Kinder des gereinigten Terpentinöls liegt bei 10 bis 15 ml.**
- Daneben können bei unsachgemäßer Anwendung (Überdosierung/ großflächige Anwendung) durch Vergiftungen Nierenschäden und Schädigungen des Zentralnervensystems entstehen.
- Bei der Einnahme großer Dosen (auch Inhalation) kann es zu Übelkeit, Erbrechen, Gesichtsrötungen, - Halsschmerzen, vermehrtem Speichelfluss, Durst, Durchfall, Darmkrämpfen, Atemnot (auch wie bei einer Erwürgung), Schwindel, Zuckungen, erschwerte Blasenentleerung, Eiweißausscheidung durch den Urin und Hautverfärbungen kommen.

Achtung:
Die tödliche Dosis für einen Erwachsenen liegt bei zirka 50 g.
Darüber hinaus darf Terpentinöl bei folgenden Erkrankungen nicht äußerlich eingesetzt werden:
- größere Hautverletzungen,
- akute Hauterkrankungen,
- Infektionen,
- Fieber,
- Bluthochdruck und
- Herzschwäche (Herzinsuffizienz).

Wichtig:
- **Bitte halten Sie vor der Anwendung mit Terpentinöl Rücksprache mit Ihrem behandelnden Arzt.**
- **Bitte dosieren Sie die Präparate wie in der Packungsbeilage angegeben, bzw. wenden Sie die Dosierung an, die Ihr behandelnder Arzt verordnet hat.**

Fertigarzneimittel:

- Extrakte aus Terpentinöl sind als Fertigarzneimittel bisher nicht als Monopräparat verfügbar.
- Sie erhalten das Öl in Kombination mit anderen Wirkstoffen als Salbe (Mittel gegen Muskel- und Gelenkschmerzen und Abszesse).
- Zudem erhalten Sie das Öl in seiner reinen Form in Ihrer Apotheke.
- Gereinigtes Terpentinöl setzt sich aus wirksamen ätherischen Ölen zusammen, die bei **innerlicher** und **äußerlicher** Anwendung erwiesenermaßen bei chronischen Erkrankungen der Bronchien und übermäßiger Sekretproduktion nützen.
- **Äußerlich** eingesetzt wirkt Terpentinöl nachweislich bei rheumatischen Beschwerden und bei Nervenschmerzen.

Gegen Darmschwäche

nehme man folgende Teemischung:
Zinnkraut, Fenchel, Dornschlehblüten, Wegwarte, Johanniskraut und Wacholder.

Nach 14 Tagen wechseln mit .

Wermut, Salbei, Augentrost Eichenrinde und Heidelbeeren.

Täglich eine Tasse schluckweise trinken.

Information zu Schlehdorn: (Prunus spinosa)

- Der Schlehdorn wird auch Schlehendorn, Dornschlehe, Schlehe, Heckendorn, Schlehen- Schwarzdorn, Schwarzdorn oder Ackerpflaume genannt.
- Der Name "Schlehe" stammt vom altdeutschen Wort "schleh", welches den Herben, matten, stumpfen, pelzigen und den Gaumen zusammenziehenden der ungefrorenen Früchte bezeichnet.

- Andere Quellen sehen den Ursprung im althochdeutschen Wort "sleha", welches bläulich bedeutet.
- Der Artname spinosa bedeutet dornig.
- Bereits römische Gelehrte wie Plinus und Dioscurides berichteten über die Schlehe und sie wurde in verschiedenen mittelalterlichen Kräuterbüchern beschrieben.
- Der Volksglaube schrieb den hornigen Hecken eine Schutzwirkung gegen Hexen zu.
- Der Schlehdorn gilt als Stammform der Kulturpflaume.

Vorkommen & Herkunft:

Die Heimat des Schlehdorns erstreckt sich über Europa (außer im hohen Norden und auf Island), Vorderasien bis zum Kaukasus und Nordafrika.
Die Pflanze ist von den Ebenen bis zu einer Höhe von 1500 m antreffen. In Nordamerika gilt er als eingebürgert.

Merkmale:

- Der sommergrüne und sehr dornenreiche, stark verästelte Strauch oder mehrstämmige Kleinbaum erreicht selten eine Wuchshöhe von über 3 m.
- In Gegenden mit dauerhaft starkem Wind oder starkem Wildverbiss sind meist nur flache, reich verzweigte Büsche anzutreffen.
- Sie verfügen über ein weitreichendes, Schösslinge treibendes Wurzelwerk.
- Die Rinde des Stammes ist dunkelbraun bis schwarze gefärbt und reißt im Alter auf.
- Die Zweige besitzen eine filzige bis fein behaarte, rotbraune Rinde.
- Sie stehen sehr steif ab und die Dornen sind im botanischen Sinne umgewandelte Seitentriebe.

- Im März bis April, vor dem Laubaustrieb, erscheinen unzählige kleine, weißen Blüten, die einen zarten, erfrischenden mandelartigen Geruch verströmen.
- Sie haben einen Durchmesser von bis zu 1,5 cm, sind kurzgestielt fünfzählig und zwittrig.
- Ihre Bestäubung erfolgt durch Insekten.
- Die Kelchblätter werden etwa 2 mm, die Kronblätter etwa 6 bis 8 mm und die gelb-rötlichen Staubblätter 5 mm lang.
- Die Innenseite des Blütenbechers sondert reichlich Nektar ab.
- Erst nach den Blüten entwickeln sich im Mai die 3 bis 6 cm langen und bis 2 cm breiten, verkehrt eiförmigen Laubblätter des Schlehdorn.
- Sie sind kurz gestielt, fein gezähnt, häufig büschelartig angeordnet und stehen wechselständig.
- Ihre Oberseite ist dunkelgrün, die Unterseite mittelgrün und jung fein behaart.
- Am Grund der Blattspreite befinden sich Nektardrüsen.
- Im Herbst reifen die kugeligen, kirschgroßen Steinfrüchten, die sogenannten "Schlehen" heran.
- Ab September färben sie sich von dunkelblau bereift bis schwarz.
- Die Früchte enthaltenen einen kugelig - bis linsenförmige, etwa 9 mm langen und 6 mm breiten, leicht runzelige Steinkern.
- Die Schlehen hängen oft bis in den tiefen Winter am Strauch.

Inhaltsstoffe:

Die Blüten und die Früchte weisen verschiedene Inhaltsstoffe auf.

In den **Blüten** finden sich:
- Flavonoide,
- Kämpferolglykoside,

- Quercetin,
- Quercitrin,
- Rutin,
- Hyperosid,
- Amygdalin,
- Cumarinderivate und
- Blausäureglykoside.

Die **Früchte** beinhalten:
- organische Säuren,
- Gerbstoffe,
- Bitterstoffe,
- Vitamin C , B1, B2, B6 und K.

Verwendung:
In der Küche können sowohl die Blüten, als auch die kirschgroßen Steinfrüchte verwendet werden.

Die Blüten
- werden getrocknet und pur oder gemischt mit anderen Kräutern zur Zubereitung von Tees verwendet.
- Sie können auch zum Aromatisieren Fruchtsalaten zugegeben werden.

Die Früchte
- werden zur Herstellung von Gelees, Marmeladen, Saft, Sirup, Wein, Likör und Spirituosen genutzt.
- Die Früchte sind sehr gerbstoff - und säurehaltig.
- Der herbe Geschmack mildert sich nach den ersten Frösten, der Gerbstoffgehalt sind dann auf die Hälfte.
- Wer mit dem Sammeln nicht solange warten will, kann die Früchte auch einige Tage in die Gefriertruhe geben.

Da die reifen Früchte sind ein beliebtes Herbst- und Winterfutter für zahlreiche Vögel sind, sollte man die Hecken nicht kahl pflücken.

Im Gartenbau

eignet sich der Schlehdorn durch sein ausgeprägtes Wurzelwerk zur Befestigung von Hängen und Böschungen.

Aufgrund seiner Dornen wird er auch als natürlicher Stacheldraht bezeichnet und wurde bereits früher in der Landwirtschaft als Grenzbepflanzung eingesetzt.

Aus der Rinde lässt sich Tinte gewinnen.

- Dazu muss die Rinde von den Zweigen geklopft und   in Wasser eingelegt werden.
- Nach einigen Tagen wird das Wasser abgegossen, aufgekocht und erneut über die Rinde gegossen.
- Dieser Vorgang wird mehrfach wiederholt, bis die   Rinde vollkommen ausgelaugt ist.
- Danach wird der Sud mit Wein versetzt und bis zur gewünschten Konsistenz eingekocht.
- Die Tinte ist jedoch wenig Lichtbeständigkeit und verbleicht schnell.

Bei elektrischen Unfällen

darf der Helfer erst dann den Stromkreis unterbrechen, wenn er selbst auf einer holliernden (altes Wort für nichtleitende Unterlage – Gummi oder Holz – steht.

Achtung: Arzt informieren!

Erbrechen hervorzurufen.

- Man lasse warmes Wasser (oder Salzwasser),
  das   zerlassene Butter enthält trinken.
  Oft hilft schon das Einstecken eines Fingers in den Hals
  oder Kitzeln des Schlundes mit einer Feder.
- Ein sehr kräftiges Brechmittel:
  Man verrührt einen Teelöffel Salz und einen halben
  Teelöffel Senf in einer Tasse warmen Wassers, nach
  dem Trinken stellt sich sofort Erbrechen ein.

Wichtig: Informieren Sie Ihren Arzt!!

Erfrieren.

- Langsames Auftauen.
- Einreiben mit Schnee.
- Erfrorene Stellen einpinseln mit Jodtinktur, Salbe,   Butter
  oder Öl.
- Nötigenfalls Wundverband, unbeheiztes Zimmer,
  einreiben des ganzen Körpers mit Schnee, evtl.
  künstliche Beatmung (erfolgt durch Notarzt).
- Kaltes Bett, nur leicht zudecken.

Achtung: Arzt informieren!

Gegen Fiebertemperaturen.

Man binde Zitronenscheiben auf Stirn und Schläfe.

Tipp:

- Wadenwickel mit kaltem Wasser und einem guten
  Schuss Essig anwenden.
  Der Essig sorgt dafür, dass die Wickel länger kalt
  bleiben.

Müde Füße.

Es ist zu empfehlen, die Füße nach den Wanderungen in
warmem Salzwasser zu baden, sie zu trocknen und mit
Zitronensaft einreiben.

Frostbeulen.

- Man bestreiche vor dem Schlafengehen die Frostbeulen mit Arnikatinktur und verbinde sie mit einem sauberen Leinenlappen.
- Der brennende Schmerz wird nachlassen, die Frostbeulen verschwinden.

Wichtig: **Arzt informieren!**

Gegen Fettleibigkeit.

täglich in den ersten 14 Tagen, drei Tassen Tee trinken von Dornschlehe und Zinnkraut.
Die nächsten 14 Tage eine Teemischung mit Wermut, Salbei und Rosmarin.

Gegen Fußschmerzen.

In ein Glas Olivenöl einen Teelöffel von Kochsalz schütten. Mischung schütteln bis das Salz aufgelöst ist, dann die schmerzenden Stellen tüchtig einreiben.

Gegen Gallensteine.

- Morgens nüchtern bis 500 Gramm Salat- oder Olivenöl nehmen.
- Zusatz mit etwas Kognak erleichtert das Einnehmen.
- Nach einer halben Stunde gelangt das Öl aus dem

Magen in den Zwölffingerdarm.
- Man lege sich auf die linke Seite, und zwar mit der Hüfte höher als mit der Schulter.
- In dieser Lage wird das Öl in die Gallenblase geleitet und die Gallensteine gelangen ohne Schmerz in den Darmkanal.
- Zu empfehlen ist noch eine gleichteilige Teemischung von Wacholder, Wegtritt, Wermut und Knöterich, wovon täglich ein bis zwei Tassen schluckweiße zu trinken sind.

Information:

Heublumen (Flores graminis) - auch Grasblüten genannt

Anwendung und Wirkung:

In der Volksmedizin werden Heublumen für Umschläge, Auflagen und Bäder zur Schmerzlinderung, Beruhigung und Entspannung bei verkrampfter Muskulatur sowie zur Durchblutungssteigerung gebraucht.

- 3-5 Hände Heublumen mit kochendem Wasser übergießen und 10-15 Minuten ziehen lassen.
- Danach abseihen.
- Dieser Sud wirkt ausleitend und stärkend bei Verstauchung, Gicht, Rheumatismus und Frostbeulen.
- Er wird als Auflage oder Wickel benutzt und kann auch dem Badewasser zugesetzt werden.

Bei Blutvergiftungen

kann man Heublumen auf folgende Weise anwenden:
- Übergießen Sie Heublumen mit kochendem Wasser und legen Sie, nachdem Sie diese in ein Tuch eingeschlagen haben, möglichst heiß auf das erkrankte Körperteil.
- Sobald die Auflage erkaltet muss sie durch eine heiße ersetzt werden.
- Statt Heublumen kann auch Haferstroh genommen werden.

Wichtig: Arzt informieren!

Heublumenbäder

- stärken die Abwehrkräfte und werden bei Erkältungskrankheiten und Fieber sowie bei Rheuma mit Erfolg eingesetzt.
- In der Schulmedizin werden Heublumen als lokales Wärmetherapeutikum bei rheumatischen Erkrankungen verwendet.
- Heublumen findet man auch in Heilkräutermischungen.
- Hier sind sie Träger für das in den Heublumen enthaltene ätherische Öl.

Wirksame Inhaltsstoffe:

Heublumen können in unterschiedlichen Mengen
- Flavonoide,
- Gerbstoffe,
- ätherisches Öl,
- Cumarine und
- Furanocumarine enthalten

Gegen Gräten

(Fisch- Gerstengräten) nimmt man ein rohes Ei.

Wichtig: - Bitte nur ganz frische Eier verwenden.
- Ggf. den Notarzt informieren.

Gegen Gicht.

- Kastanienblüten erst in der Sonne, dann im Bratofen trocknen. Einige der Blüten reichen aus, um sich einen Teeaufguss zuzubereiten.
- In ein leinenes Tuch legt man ein Kilo frischen Lehm, dasselbe ausdrücken und um den leicenden Körperteil legen.
- Den Wickel mit einem trockenen Tuch umhüllen, dann nochmals mit einem Wolltuch, damit keine äußere Luft dazu kommt.
- Denselben so lange liegen lassen, bis er trocken ist. - Dann täglich zwei mal erneuern

Geschwulst.

- Zur Aufweichung warme Auflagen vor gemahlenen Leinsamen oder Bockshornkleesamen, Kanaillen, abgekochten Betramswurzeln, Honigkleetee, zerquetschtem Schafgarbenkraut.
- Auch warme Wickel von Heublumen oder Haferstrohabsud, täglich eine Stunde, sind vorteilhaft.

Informationen:
Bertramwurzel - eine fast vergessene Heilpflanze

- Sie ist eine kaum bekannte und doch so alte und wirkungsvolle Heilpflanze und Gewürzpflanze: die Bertramwurzel.
- Obwohl sie viel kann, spielt sie in der Heilkunde heute kaum mehr eine Rolle.
- Als "Gewürz mit Gesundheitswirkung" ist die Bertramwurzel vor allem den Anhängern der Hildegard von Bingen und ihrer Ernährungslehre geläufig.
- Hier zählt sie zu den Grundgewürzen, die jeder - egal ob gesund oder krank - möglichst regelmäßig zu sich nehmen sollte.
- Doch die Bertramwurzel wurde schon viel früher

praktisch weltweit als Heilpflanze genutzt und geschätzt.
- Indianische Heiler, Ayurvedische Gesundheitslehre, Traditionelle Chinesische Medizin (TCM), die Klostermedizin und Naturheilkundler der letzten Jahrhunderte - sie alle setzten die Wurzel mit dem lateinischen Namen Anacyclus pyrethrum L. bei unterschiedlichsten Krankheiten ein.
- Die Anwendungsgebiete waren schon immer vielfältig und erstreckten sich sowohl auf innerliche wie auch äußerliche Beschwerden.
- Selbst als natürliches Insektenbekämpfungsmittel sollte die Wurzel gute Dienste leisten.

In der Küche gilt Bertram
- als ein hervorragendes Verdauungsmittel, das die Bekömmlichkeit der Speisen fördern soll.
- Die Anwendung ist denkbar einfach, denn die zu Pulver vermahlene Wurzel passt, wohl dosiert, zu fast allen Gerichten.
- Rezepte mit Bertram gibt es also zuhauf.
- Auch als Heilmittel ist der Einsatz problemlos.
- Wen wundert es, dass die hübsch anzusehende Pflanze mit dem Beinamen Ringblume auch eine Zierde für jeden Garten ist.
- Vor allem in Steingärten macht sich das eher anspruchslose Gewächs, das im Aussehen an unsere heimische Kamille erinnert, ganz besonders gut.
- Es lohnt sich also, diese unspektakuläre Wurzel, der eine große Heilkraft zugeschrieben wird, einmal näher zu betrachten!

Außerdem:
- "Bertram übertraf oft die gewöhnlichen stärksten Heilmittel an Wirksamkeit" ... bei Lähmungen und Wechselfieber.

- Gut einhundert Jahre später beschreibt der Arzt und Pharmakologe Gerhard Madaus in seinem Lehrbuch der biologischen Heilmittel (Band III; 1938) ebenfalls verschiedene Anwendungsgebiete des Bertram.
- Der Bertram war also über viele Jahrhunderte hinweg sehr präsent in den Ausführungen zahlreicher Heiler und Naturmediziner, die an dieser Stelle nicht alle im Einzelnen erwähnt werden sollen.
- Trotz ihrer Vielseitigkeit spielt die Heilpflanze aber kaum eine Rolle in der aktuellen Naturheilkunde.

- Anthemis pyrethrum L. steht heute gleichwertig neben dem gebräuchlicheren Anacyclus pyrethrum L.

Honigklee / Steinklee

Der liebliche Honigklee, auch Steinklee genannt, bevorzugt steinigen Boden.
Er ist ein sehr gutes Heilmittel für das Blutgefäßsystem und den Lymphfluss.
Sogar gegen Migräne hat er eine hilfreiche Wirkung.

Honigklee wird äußerlich

- in Form von Auflagen, Kräuterkissen, Salben und Pflastern gegen Schwellungen, Entzündungen und Wunden eingesetzt.

Innerlich

- als Tee oder Tinktur wird er bei Bronchitis, Durchblutungsstörungen, Migräne und zur Verbesserung der Lymphzirkulation verwendet.

* * *

Haferstroh – Avenae stramentum

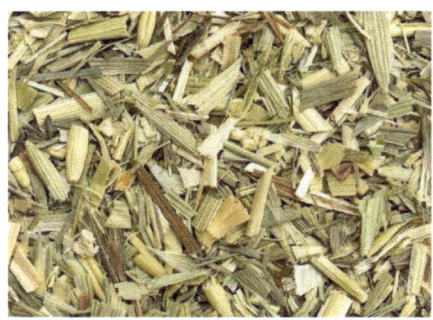

- Gilt als eine Wohltat bei entzündeter Haut und Ausschlägen
- Es besteht aus den Laubblättern und Stängeln des Hafers, das kurz vor der Vollblüte geerntet wird.
- Es eignet sich außerordentlich gut zur Behandlung von Hauterkrankungen (Ekzemen) und ist dabei sehr   arm an Nebenwirkungen.
- Wenn die Haut juckt oder ein Hautausschlag mit Schuppenbildung an verschiedenen Körperstellen (seborrhoische Dermatitis) einhergeht, ist Haferstroh   als Vollbad angewandt, ein hervorragendes Mittel zur Linderung der Beschwerden

Inhaltsstoffe von Haferstroh

- Pharmazeutisch und medizinisch interessant ist der Kieselsäuregehalt, der im frischen Haferstroh etwa 2% beträgt und teilweise wasserlöslich ist.
- In der Asche des Haferstrohs liegt der   Kieselsäureanteil sogar zwischen 55 bis 75%. -   Kieselsäure ist eine Verbindung zwischen Silicium, Sauerstoff und Wasser.
- Bei **innerlicher** Aufnahme wirkt Kieselsäure positiv   auf die Bildung von Bindegewebe.
- **Äußerlich** eingesetzt wirkt die Siliciumverbindung entzündungshemmend, Juckreiz lindernd und kann nässenden Hauterkrankungen entgegenwirken.

Wirkung bei entzündlichen Hauterkrankungen und Hautausschlag

- Juckreiz lindernd und entzündungshemmend.
- Es gibt nicht viele pflanzliche Wirkstoffe, die reich an Kieselsäure sind.
  Haferstroh gehört jedoch dazu - und das kommt Personen, die an entzündlichen Hauterkrankungen oder Hautausschlägen (Ekzemen) leiden, wie Neurodermitis, nässender Dermatitis, seborrhoischer Dermatitis (entzündliche Hauterkrankung mit Schuppenbildung), zugute.
- Oftmals sind die Beschwerden mit einem mehr oder weniger ausgeprägten Juckreiz verbunden.
- Es ist die enthaltene Kieselsäure, die den   Beschwerden von Entzündungsreaktionen bis hin zur   Juckreiz Linderung Abhilfe verschafft.
- Sie bewirkt, dass sich die geschädigte, entzündete Hautstelle bei dem Kontakt mit dem Haferstroh zusammenzieht.
- Diesen Effekt kann man sich bildlich als eine Kitt-Reaktion vorstellen.
- Erregern, die die Entzündungen auslösen, wird
- dadurch der Nährboden entzogen und der Selbstheilungsprozess der Haut kann beginnen.
- Unterstützt kann die Kieselsäure in ihrer Wirkung   durch die enthaltenen Triterpensaponine werden, wenn es sich um eine Pilzinfektion handelt.
- Die enthaltenen Tripterpensaponine vom Furanoltyp wirken hemmend auf die Vermehrung von   Hautpilzen.

Äußerlich eingesetzt wirkt **Kieselsäure**
entzündungshemmend
Wichtig: Mit Ihrem Arzt absprechen !!!

Risiken und Nebenwirkungen

- Bitte beachten Sie: Risiken und Nebenwirkungen sind bei der Anwendung von bestimmungsgemäßen Dosen (äußerliche Anwendung 100 g) des Haferstrohs nicht bekannt.
- Grundsätzlich sind auch keine Wechselwirkungen zum Haferstroh bekannt.
- Dennoch sollten Haferstroh bei großflächigen, nässenden Ekzemen und Hautverletzungen, sowie bei Fieber und Infektionskrankheiten, Herzschwäche ab dem Stadium III (NYHA), Bluthochdruck Stadium IV und bei einer Rötung des gesamten Körpers durch Entzündungen (Erythrodermie) nicht angewendet werden.

Wichtig:
Bitte dosieren Sie die Präparate wie in der Packungsbeilage angegeben, bzw. wenden Sie die Dosierung an, die Ihr behandelnder Arzt verordnet hat.

* * *

Bei Geschwüren

leisten Feigen gut in Milch verrührt und zu einem Brei gekocht, gute Dienste.

Herzschwäche.

Foto: Getty Images/Carlos Rodriguez   66

- Die Wurzel der Nelkenwurz wird zu Pulver verrieben, davon einen Teelöffel voll in einem Viertel Liter Wein 5 Minuten aufkochen.
- Davon täglich mehrmals Schluckweise trinken.
Ungemein Herzstärkend und fördert dessen Tätigkeit.

Information:
- Die Nelkenwurz ist eine Wildpflanze mit kleinen gelben Blüten.
- Man findet sie an alten Gemäuern und / oder in lichten Wäldern.
- Dort sind sie oft in größeren Mengen anzutreffen.
- Leider kennt man diese wichtige Heil- und Gewürzpflanze heute kaum noch.
- Den Namen hat sie von dem zarten Geruch ihrer Wurzel nach Nelken.
- Verwendet wird sie gegen Durchfall, verschiedene Probleme des Verdauungsapparates und gegen Entzündungen im Mund.

Tipp:
Man kann in den Apotheken kleine Stücke Nelkenwurz an einem Band, für zahnende Babys kaufen.

Inhaltsstoffe: Glykosid Gein, Bitterstoff, Gerbstoff, Gerbsäure, Flavone, Eugenol, ätherische Öle

Im Altertum wurde die Echte Nelkenwurz als Heilpflanze verwendet.
- Pliniuss empfahl sie gegen Brustbeschwerden,
- für die hl. Hildegard war sie ein probates Aphrodisiakum.
- Im Mittelalter und in der frühen Neuzeit wurde sie beispielsweise bei Gelbsucht, Wassersucht und Unterleibskoliken eingesetzt.

- Bei Kräuterpfarrer Künzle kam die Echte Nelkenwurz bei Gehirnhautentzündung, Blasenschwäche oder Zahnweh zum Einsatz.
- In der heutigen Pflanzenheilkunde wird sie nicht mehr verwendet. Zu empfehlen ist sie aufgrund der Wirkung als Beigabe in Magen- Darmtees.
- In der Homöopathie wird sie bei Entzündungen von Harnblase und Harnröhre verwendet.

Die Droge wird heute noch gelegentlich in der Volksheilkunde genutzt.
- Die Anwendung erfolgt bei Durchfall,
- Verdauungsbeschwerden,
- als Gurgelmittel
- bei Entzündungen der Mund- und Rachenschleimhaut,
- als Badezusatz bei Frostbeulen
- bei Hämorrhoiden, und bei
- Hauterkrankungen als Umschlag oder als Waschung.

Verzehr:
- Früher wurden die Wurzeln zur Aromatisierung von Wein und Bier verwendet.
- Diese Zugabe wurde auch als geeignetes Mittel gesehen, einer möglichen Übersäuerung entgegenzuwirken.
- Sie dienen auch zur Aromatisierung von Likör (Benediktiner) sowie in der Kosmetik als Zusatz zu Zahnpasten und Mundwässern.
- Junge Blätter können als Mischgemüse und Salat verwendet werden.

* * *

Herzklopfen.

Das nächtliche Herzklopfen kann man vermeiden, wenn man täglich vor dem Schlafengehen ein Glas Zuckerwasser mit Zitronensaft trinkt.

Anmerkung: Zähneputzen nicht vergessen!

Gegen Halsentzündungen (Gutes Hausmittel)

- Man nehme drei oder vier große Zwiebeln und hacke und röste sie, aber ohne Wasser dazu zu verwenden.
- Sobald sie weich sind, nimmt man ihnen schnell die äußere Haut ab und zerdrückt die Zwiebeln, am   Besten mit einem Rollholz oder einer Flasche
- Dann schlägt man sie in ein dünnes Tuch ein und legt sie, so warm es vertragen wird, über den Hals.
- Der Umschlag, welcher von einem Ohr zum andere reichen muss, bleicht Tag und Nacht liegen.
- Nach Ablauf von 24 Stunden werden die Zwiebeln durch frische ersetzt.
- Nach Entfernung des Umschlages muss noch einige Tage eine Binde von Wolle um den Hals getragen werden.

Handbäder

empfehlen sich besonders bei:
- Rheumatismus des Handgelenks und bei
- eiternden Wunden.
- Dazu Wasser abkochen, soweit abkühlen lassen,   dass man die Hand gut rein legen kann.

Gegen Handschweiß.

Mit Bohnenmehl morgens   und abends die Hände tüchtig einreiben.

Informationen Bohne (mhd. bone; lat. faba; botan. Vicia faba; volkstüml. Große Bohne, Acker-, Puffbohne).
- Artenreiche, zu den Gemüsepflanzen zählende Gattung der Hülsenfrüchtler.
- Die Ackerbohne wächst einjährig und ist gekennzeichnet durch rankendes Wachstum, weiße Blüten und längliche Früchte, in denen sich mehrere nierenförmige Samen befinden.
- Die Früchte enthalten Kohlehydrate, Protein,   essentielle Fettsäuren, Ballast- und Mineralstoffe   sowie Vitamine.
- **Hildegard v. Bingen** verordnet gegen Verdauungsstörungen eine Rezeptur aus Ingwer, Ringelblume und Bohnenmehl.

In der mittelalterliche Volksmedizin
- galten Bohnen als äußerliche Mittel gegen Warzen, - und Bohnenblätter gegen Hühneraugen,
- sowie innerlich als Aphrodisiakum.

Bei veraltetem Husten
- ist Kleeblüttentee sehr gut.
- Zirka 50 bis 60 g getrocknete Kleeblüten werden in etwa einem Liter Wasser gekocht.
- Täglich 2-3 Tassen trinken.

Tipp:

Auf sauberen Wiesen kann man Kleeblüten sammeln.
Trocknen kann man sie in der Sonne, oder im Backofen bei
etwa 50 Grad.

Hexenschuss:

Gegen Hexenschuss helfen am Besten:
- warme Heublumenauflagen,
- einreiben mit Eukalyptus-Öl oder mit
- Johanniskrauttinktur,
- warme Bäder und tüchtiges Frottieren.

Hitzschlag:

Gesicht meist rot, stürzt oft plötzlich zu Boden. Schatten -
kühlen Ort aufsuchen. Brust und Hals frei machen, mit Wasser
bespritzen, kühle Umschläge helfen gut.
Nach Rückkehr des Bewusstseins, wenn der Kranke
schlucken kann, langsam Wasser einflößen.
Achtung: Arzt informieren!

Holundersirup
(gegen Husten und Katarrh).

- Die Holunderbeeren werden mit Wasser aufs Feuer
  gesetzt und gekocht, bis die Beeren springen, dann auf
  ein Tuch zum Abtropfen geschüttet.
- Auf ein Kilo Saft nimmt man 200 bis 500 Gramm
  Zucker, kocht dieses eine halbe Stunde, füllt den
  Saft siedend in reine vorgewärmte Flaschen.

Die Zwiebel als Heilmittel
gegen Husten und Katarrh:

- Man zerschneide eine Anzahl Speisezwiebeln und dämpfe
  sie mit reichlich Kandiszucker.

71

- Von diesem Saft wird alle 2-3 Stunden ein kleiner Teelöffel voll genommen.
- Es erweist sich dieses zweckentsprechender als das Einnehmen von allerhand teuren Katarrhmitteln, Hustensäften und Hustenbonbons.

Insektenstich.

- Bei Mückenstich und Ameisenbiss betupft man mit Salmiaklösung, bei größeren Schwellungen   Umschläge mit essigsaurer Tonerde.
- Bei Stichen in den Mund gurgeln mit 2 %   Salmiaklösung oder einen Esslöffel voll mit Wasser   angefeuchtetes Kochsalz langsam verschlucken,   bzw. den Stich im Mund damit nässen.

Information: Salmiaklösung für medizinische Zwecke kaufen Sie am Besten in der Apotheke!

Tipp:

- Auf Fliegen- Bienen oder Wespenstiche etwas Essigsaures Natron geben.
- Zitronensaft: Hierzu wird eine Fruchtscheibe auf die Einstichstelle gelegt, sodass die Säure für einige Minuten einwirken kann.
- Zwiebelscheibe, Gurken- oder Kartoffelscheibe, Quark: Wirkt wie Zitronenscheibe.
- Schmierseife / grüne Seife: Über den Stich reiben.

Kalte Hände und Füße

- bekämpft man durch Wechselbäder mit Frottieren, Schwitzbädern.
- Massieren von Händen und Füßen, Barfußlaufen im Sommer, kühle Waschungen des Morgens und vor allem durch eiweißarme Diät.

Kalkspritzer

- ins Auge sind stets gefährlich.
- Sofort sind Waschungen mit Zuckerwasser vorzunehmen, wobei der Kalk in den unschädlichen Zuckerkalk übergeht.

Wichtig: Arzt informieren!

Kopfschuppen

- werden beseitigt durch das Einreiben mit Eigelb, dem etwas Zitronensaft beigefügt wurde.

Information:

- Einwirken lassen bis das Eigelb soweit fest wird, dann gründlich mit warmem Wasser auswaschen.
- Nach Bedarf noch mit Haarseife oder Shampoo nach waschen.

Kopfverletzungen:

- Wer eine Verletzung am Kopfe erlitten hat, soll gar keine geistigen Getränke zu sich nehmen, auch dann nicht, wenn die Wunde schon geheilt ist.
- Auch kleine Mengen Bier oder Schnaps sind für solche Verwundete sehr nachteilig.

Wichtig: Den Arzt informieren, ggfl. einen Notarzt rufen!

Kopfschmerz. (nervöser)

- wird vielfach durch den Saft einer Zitrone in   schwarzem heißen Kaffee gelindert und beseitigt.

Bei Kopfschmerz I

- schält man von einer Zitrone ein Stück der Schale in Mark Größe und entfernt alles Weiße.
- Die so vorbereitete Zitronenschalen Scheibe legt   man mit der nassen Seite an eine der Schläfen, wo sie festklebt und in kurzem einen roten Fleck zieht und brennendes Jucken verursacht, wovon der Kopfschmerz in wenigen Minuten verschwindet.

Gegen Kopfschmerz (sicheres Mittel) II

- Lange frisch geschälte Gurkenschalen mit dran gebliebenen Gurkenenden auf die Stirn und Schläfen legen.
- Tuch drüber binden.

Kochsalz als Heilmittel

- bewährt sich vorzüglich bei übermüdeten und überanstrengten Füßen, die man in starker Lösung kurz badet, bei Halsentzündungen einfacher Art hilft Gurgeln mit Salzwasser.
- Auch ein gutes Vorbeugungsmittel gegen   Erkältungen ist, die Nase mit lauwarmem Salzwasser   aus zu tupfen.

Kopfläuse vernichten.

- Man wasche den Kopf mit Spiritus oder Petroleum und bindet ein wollenes Tuch darüber.
- Nach einigen Stunden gründlich waschen.
- Vorsicht, nicht   bei offenem Licht (Flammen).

74

* * *

2. Teil Hausarzt

Kropfanlagen.

Junge Eichenrinde ¼ Stunde in Wasser kochen, von dem Absud Auflagen machen.

Nicht zu harte Kröpfe werden bald kleiner und verschwinden nach und nach.

Krampfadern.

Leinenes Tuch in angefeuchtetem Lehm tauchen, auswringen und um die kranken Stellen wickeln.

Mit trockenem Tuch nochmals umwickeln, damit Luftzutritt vermieden wird.

Täglich 2 Wickel.

Bei Lungenleiden

im Anfangsstadium wirkt roher Gurkensaft in großen Mengen nach und nach genossen oft Wunder.

Magerkeit.

Gleichteilige Mischung von Schafgarben, Kamillen und Tausendgüldenkraut.
Täglich 2 Tassen Schluckweise trinken.

Gegen Migräne

hilft bei allen Menschen – vor allem, wenn es sich um eine sogenannte Magenmigräne handelt – ein Esslöffel reiner Zitronensaft.

Bei Madenwürmern

genügen in vielen Fällen Klistiere mit Salzwasser oder kaltem Wasser mit Zusatz von ein bis zwei Esslöffeln voll Oel oder zwei bis drei Esslöffel voll Essig.
Genügt jedoch dieses Mittel nicht, so bereiten sie sich Abkochung von Wermut oder Knoblauch und machen hiervon Klistiere.

Verdorbener Magen.

Die beste behandlusweiße dieser Störung ist das Hungern lassen.
Bitterer schwarzer Tee, Schleimsuppen und höchstens einige Weißbrotschnitten mit Butter kurieren das Übel am sichersten aus.

Magenblutung

wird durch einen Tee von gemeiner Mistel gestillt.

Wichtig: Arzt informieren!!

Magenkatarrh.

Dagegen hilft frische kalte Kuhmilch, Schluck weiße getrunken.

Magenleiden

Ein ganz vorzügliches Mittel, das Magenleidenden und
Blutarmen nicht genug empfohlen werden kann, ist das
Sauerkraut.
Dasselbe enthält viel Vitamin und muss rch genossen werden.

Gegen Magensäure
empfehlen sich Wermutblätter als Tee, Wermutpulver als
Speisezusatz oder Wermuttinktur.

Bei Magenbeschwerden,
besonders nach dem Essen, kaue man einige

Wacholderbeeren, die Verdauung wird dadurch gefördert.

Magenkrämpfe lindert heiß getrunkener Hagebuttentee.

Wunde Mundwinkel.
Wunde Ecken an den Lippen bestreut man mit Alaunpulver.

Information:
- Alaunpulver findet man nicht mehr in Apotheken,   jedoch
  Alaunstifte.
- Ein solcher Stift entspannt die Haut und hat eine
  adstringierende Wirkung, dadurch kann leichtes   Bluten
  gestoppt werden.
- Hierzu den Stift leicht anfeuchten und die Hautpartie
  betupfen.

Milch als Heilmittel.
Es ist ganz interessant, dass in der letzten zeit die Chirurgen
in der abgekochten warmen Milch ein ausgezeichnetes Mittel
zu Umschlägen bei Eiterungsprozessen und bei Furunkulose
entdeckt haben, das im Volke längst angewandt wird.

Gegen Mückenstiche,

hilft das Bestreichen der Stelle mit gewöhnlicher Waschseife. Anfeuchten und dick aufstreichen.

Tipp: Ich selbst bevorzuge bei Mückenstichen Essigsaure Tonerde.

Mittel gegen Nachtschweiß.

Ein äußerst wirkungsvolles Mittel gegen den so schwächenden Nachtschweiß besitzen wir in den Blättern der gemeinen Salbeipflanze.
Sie werden getrocknet und als Tee lauwarm getrunken.
Leichte Diät ist dabei zu beobachten.

Bei Nieren- und Steinleider

erzielt man mit Birkenblättertee sehr guten Erfolg.

Nasenbluten.

- Ein leichtes Klopfen der der Handkante auf die Nackenpartie unterhalb den Haaransatzes hat innerhalb weniger Sekunden ein Aufhören der Blutung zur Folge.
- Druck durch die Nasenflügel hindurch auf die blutende Stelle.
- Etwas Watte ins Nasenloch.
- Engende Kleidungsstücke am Halse lösen.
- Langsam durch Nase ein-, durch Mund ausatmen.
- Nase ruhig erst etwas bluten lassen.
- Wenn alle Versuch das Blut zu stillen nicht helfen, schneide man eine Zwiebel durch, lege eine schöne Scheibe auf den Nacken.
- Das Bluten hört dann auf.

Nackenfurunkel.

- In 99 von 100 Fällen erfolgt die Infektion von außen in die haut und nicht von innen aus durch das Blut.

- Daher bieten auch sogenannte Tees keinen Vorteil. Vorteilhaft sind recht häufige warme Vollbäder.
- An den einzelnen Furunkeln darf man ja nicht herumdrücken oder sie ausquetschen wollen.
- Zur Sicherheit soll man bei Wiederkehr den Harn auf Zucker untersuchen lassen.

Bei Ohnmachtsanfällen
wende man folgende belebende Mittel an: man geben 20 – 40 Tropfen Hoffmannstropfen auf Zucker, wasche die Stirn mit Essig oder Spiritus, mache Reibungen und bespritze das Gesicht mit Wasser.

Wichtig: Nur medizinischen Spiritus verwenden!

Gegen Ohrensausen
hat sich der Dampf von siedendem Essig bewährt, den man in das kranke Ohr einströmen lässt, ohne das eine Verbrennung stattfindet.

Information: Ohrensausen – Tinitus.

Ohrensausen
- wird auch beseitigt durch Einträufeln von Zwiebelsaft auf Watte und warme Fußbäder.
- 5 Liter Wasser und ¼ Liter Essig.

Pilzvergiftung

äußert sich gewöhnlich nach 1-4 Stunden.

- Auf Schmerzen in Gliedern, Magen und Darm folgt Erbrechen, die Schmerzen steigern sich, starkes Durstgefühl, Herzklopfen und Ohnmachtsanfälle stellen sich ein, bis endlich unter der Abnahme der Herztätigkeit und heftigen Krämpfen der Tod eintritt.
- Bei dem **Knollenblätterschwamm** äußert sich die Wirkung erst nach 8- 40 Stunden, wobei die Aussicht auf Hilfe wegen der bereits erfolgten allgemeinen Vergiftung erheblich verringert ist.
- Als wirksamste Hilfe ist die Entleerung des Magens, auch des Darms, anzusehen, da hierdurch der größte Teil der Giftstoffe entfernt wird.

Wichtig:
Besteht der Verdacht einer Pilzvergiftung, unverzüglich den Notarzt informieren.
Hilfreich ist, eine Probe der Mahlzeit dem Arzt zur Analyse zu übergeben!

Bei Quetschungen

kühlende Umschläge mit Wasser oder Tonerde. Verletztes Glied ruhig stellen, offene Quetschungen desinfizieren, mit Salbe und Puder behandeln.

Tipp: Ein Schuss Essig ins Wasser sorgt dafür, dass dieses für die Umschläge länger kühl bleibt.

Rizinusöl gut einzunehmen.

- Man braucht 2 Tassen recht heißen schwarzen Kaffee, in eine schüttel man durch tüchtiges Umrühren das einzunehmende Medikament.

80

- Dann trinkt man zuerst die Hälfte des ungemilchten Kaffees, dann das Ölgemisch und sofort den Rest des reinen Kaffees.

Gegen unregelmäßige monatliche Reinigung
sind folgende Teekuren zu empfehlen:
- Anissamentee, Beifußblütentee, Kalmuswurzeltee, Liebstöckelwurzelabsud, Rautenblättertee, Rosmarintee.
- Alle diese Kräuter sind als wirksame Heilmittel bei mangelhafter Menstruation bekannt.

Treten **krampfhafte Schmerzen** auf, so sind warme Wickel m den Unterleib sehr wirksam.
Auch lindern Thymiantee oder Quendeltee, täglich 1-2 Tassen warm genommen.

Information:
Quendel (*Thymus pulegioides*) ist der kleine Bruder des Thymians.

Kräutermischung
(bei veraltetem, chronischem Rheumatismus):

20 g	Erika (Herba Ericae)
15 g	Elfenkraut (Herba Verbenae)
20 g	Klettenwurzel (Radix Bardanae)
15 g	Schafgarbe (Herba Milefolii)
30 g	Weidenrinde (Salicis Cortex)

Anwendung:
- von dieser Mischung nehme man 2 Esslöffel voll auf ½ Liter Wasser und lasse 6 Minuten kochen.
- Hiervon trinke man täglich 2-3 Tassen warm.

Kräutermischung
(bei Rheumatismus im Anfangsstadium):

20 g	Angelikawurzel (Radix Angelicae)

81

20 g	Birkenblätter (Folio Betulae)
20 g	Hauhechelwurzel (Radix Ononidis)
20 g	Lavendelblüten (Flores Lavandulae)
20 g	Schließgraswurzel (Rhizoma Traminis)

Anwendung wie oben!

Informationen:

1. Die Hauhechelwurzel, ist auch bekannt als Ononis spinose oder auch Fabaceae. Sie ist ein Arzneimittel auf pflanzlicher Basis, das eine harntreibende Wirkung besitzt und schon im Mittelalter bekannt war.

2. Schließgraswurzel – auch Queckenwurzelstock genannt.
In der Volksmedizin wird der Queckenwurzelstock außerdem bei bei:
- Atemwegserkrankungen,
- Magenschleimhautentzündung,
- Verstopfung,
- stoffwechselbedingten Hauterkrankungen,
- Müdigkeit und bei
- Erschöpfung gebraucht.

Verhalten:
- Stark gesalzene und scharf gewürzte Speisen sind zu meiden, ebenso alle schwer verdauliche Nahrung.
- Es empfiehlt sich, eine Zeitlang zur Pflanzenkost überzugehen, Hafer-, Gersten- und Reisschleim sind besonders bekömmlich, ebenso Milch- und Mehlspeisen, Buttermilch und Mineralwasser.
- Vorzügliche Dienste leisten auch Bäder.

Bademischung bei Rheuma (äußerlich)

100 g   Dost (Herba Serpolli)
100 g   Bergthymian (Herba Origani)
150 g   Föhrenkries   (Turiones Pini)
150 g   Wacholderholz (Lignum Juniperi)

Anwendung:

- Obige Mischung von 500 Gramm wird in 3 Liter   Wasser 15 Minuten gekocht und alsdann   durchgeseiht.
- Hierauf wird dieser Absud zu einem Vollbad von 50 Liter warmem Wasser zugesetzt.
- Das Bad soll zirka 30 Minuten dauern.

Informationen:

Dost – Herba Serpylli   = Quendelkraut
Bergthymian – Herba Orinani   = Oregano,
Föhrenkries – Turiones Pini   = Kiefernsprossen

Gegen Schlaflosigkeit

hilft der Genuss einer rohen Zwiebel vor dem Schlafengehen.

Das Sauerkraut

- ist eine der kalkreichsten Speisen, darum ist es für die Darmtätigkeit von wichtigster Bedeutung und infolgedessen auch für die Nieren, die den gesamten Kalk-Phosphorgehalt für Knochen und Nervensubstanz verarbeiten.
- In rohem Zustand genossen ist es für Darmleitende sehr zu empfehlen.

Bei Schwindelanfällen

empfiehlt sich folgende Anwendung:
- In einer 2-Literflasche mit gutem Wein eine Handvoll Melissenblätter schütten und gut   schütteln, verschlossen 24 Stunden stehen lassen.

- Dann den Wein von den Blättern abgießen,
  täglich 1-2 Glas trinken.
- Auch Rosmarin – oder Schlüsselblumenblättertee,
  1-2 Tassen schluckweise,
  helfen gegen diesen krankhaften Zustand.

Achtung: **sollte der Schwindel wieder kehren, suchen Sie Ihren Arzt auf.**

Gut schlafen.
- Die Ansicht, man müsse, um gut schlafen zu können   am Abend wenig essen, ist nach anstellten   Versuchen falsch, man glaubt sogar, dass die Schlaflosen unter zu großer Beschränkung des   Abendessens leiden.
- Am empfiehlt, um ½ 8 zu mäßig reichliches Abendessen und um 10 Uhr im Bett noch ein Glas Milch oder Milchkakao oder ein Butterbrot, das soll   dem Schlaflosen viel nützen.

Schlaganfall.
Entsteht durch Blutung ins Gehirn. Kopf hoch lagern. Kalte Umschläge auf den Kopf, heiße Fußbäder.

Wichtig: Notarzt informieren!

Schlangenbiss.
- Aussaugen der Wunde mit dem Mund, oder besser   mit einem kleinen Strohröhrchen.
- Abschnüren des Gliedes oberhalb der Wunde, zwischen Wunde und Herz.
- Ausbrennen (glühend gemachte Nadel oder   Messer) oder aus ätzen der Wunde, auch Desinfektion mit Alkohol.
- Gleichzeitig gibt man alkoholische Getränke.

Wichtig: **Merken Sie sich das Aussehen der Schlange und informieren Sie Ihren Arzt.**

Solebäder.

- Im wesentlichen sind die Solebäder Kochsalzbäder, die hauptsächlich als Stärkungsmittel, aber auch sonst bei Rheuma, Frauenleiden usw. verabreicht werden.
- Man gibt etwa 1 ½ bis 2 Kilo, mitunter auch mehr, selbst bis zu 5 Kilo trockenes Solesalz auf ein Vollbad.

Wie beseitigt man Schlucken? (Schluckauf)

- Man schlucke nötigenfalls wiederholt schnell einen Teelöffel voll Zucker hinunter.

Schlechte Verdauung.

- Bei Darmträgheit, Blähungen, Aufstoßen usw. macht man von Zeit zu Zeit eine Magenspülung.
- Man trinkt morgens nüchtern ein großes Glas heißes Wasser, dann legt man sich je einige Minuten auf den Rücken, auf die linke Seite, auf die Brust und zum Schluss ca. 10 Minuten auf die rechte Seite.
- Durch diese Spülung werden alle krankhaften Fäulnisprodukte auf natürlichem Wege ausgeschieden.

Stuhlgang.

Bei hartnäckiger Verstopfung nehme man abends vor dem Schlafengehen 4 bis 6 Stück Pfirsiche.

Gegen nervöse Schlaflosigkeit

gibt es ein altes und dabei vollkommen unschädliches Mittel.

- Es besteht darin, einen großen, mit etwas Vaseline bestrichenen Wattebausch in den äußeren Gehörgang einzuführen, um das Ohr gegen Geräusche vollständig abzuschließen.

- Dadurch beruhen sich die Nerven außerordentlich schnell, und bald wir ein gesunder und ruhiger Schlaf eintreten.

Schwindelanfälle
- werden beseitigt durch wiederholte Waschungen des Kopfes, der Schläfe und des Nackens mit Wein, dem Sie etwas Branntwein beimischen.

Sonnenstich.
- Gegen längere Einwirkung der Sonnenstrahlen: Kopf bedecken.
- Hilfe wie beim Hitzschlag.
- Kalte Umschläge oder Eisbeutel auf den Kopf. - Hautverbrennungen (Gletscherbrand) mit Brand- oder Borsalbe behandeln.
- Im Notfall mit Butter oder Oel .

Achtung: Informieren Sie einen Arzt!

Salz im täglichen Bad
- angewendet oder bei Körpermassage nach dem Bad, wirkt wohltuend auf die Nerven.
- Auch gegen Schuppenbildung der Kopfhaut kann es mit guten Nutzen angewendet werden.

Gegen Trunksucht.
- Wermut-, Brennessel-, Tausendgülden- und Rosmarintee zu gleichen Teilen mischen und morgens nüchtern, sowie abneds vor dem Schlafengehen je eine Tase von diesem gemischten Tee trinken.
- Dazu viel Obst. Schwere Gewürze meiden.
- Kur: 5 bis 6 Wochen!

Gegen schwere Träume.

- Täglich 1 Tasse Baldriantee (8 Gramm Wurzeln auf   ein viertel Liter Wasser) schluckweise 14 Tage lang   trinken.
- Die nächsten 8 Tage täglich eine Tasse Melissen-   oder Rautentee.
- Später wieder Baldrian usw. längere Zeit, dann   öfteren Genuss von frischer süßer Milch, da diese eine wohltuende, beruhigende Wirkung ausübt.
- Abends wenig essen, nicht rauchen und keinen Alkohol.

Verbrennungen.

- Decken über brennende Personen werfen.
- Brennende Kleider mit Erde und Sand bewerfen, und reichlich mit Wasser begießen.
- Kleider vom Leib schneiden.
- Wo sie fest ankleben, zunächst unberührt lassen.
- Stark gespannte Blassen können mit keimfreier   Schere oder Nadel aufgestochen werden.
- Kein Wasser auf die Wunden, da nur schmerzhaft. Behandlungen mit Brand- oder Borsalbe usw. im   Notfall Butter oder Oel.
- Schmerzen an geröteten Stellen mit essigsaurer Tonerde Umschläge machen.
- Puder oder Mehlbestäubung.
- Getränke gegen den Durst, Tee, Kaffee, auch warme Fleischbrühe.
- Das große Bedürfnis nach Wärme wird durch ein warmes Bett, Wärmekissen und warme Getränke befriedigt.

Wichtig:

1. **Rufen Sie nach dem Löschen der Person sofort den Notarzt.**
2. **Borsalbe nicht ohne Rücksprache mit Ihrem Arzt für die Hausapotheke kaufen!!!**

87

Schwere Verbrennungen.

- Ein wunderbares Mittel bei Verbrennungen ist rohes Eiweiß.
- Die verbrannte Haut wird damit bestrichen und wo alle anderen Mittel versagen, wird damit Rettung und rasche Heilung erzielt.
- Das Eiweiß erstarrt rasch und bietet Schutz vor allen schädlichen Einflüssen.

Anmerkung:

Wenn Sie diese Empfehlung ausprobieren möchten, unbedingt frische Eier nehmen! Am Besten direkt vom Hühnerhof.

Auch hier gilt: Notarzt informieren!

Gegen träge Verdauung.

- Das Leiden darf keinesfalls leicht genommen werden.
- Es kann eine Selbstvergiftung des Körpers bewirken, denn aus den im Darm stagnierenden Fäulnismasse gehen giftige Zersetzungsprodukte in das Blut über.
- Ferner wirkt die träge Verdauung auf das zentrale Nervensystem, vornehmlich auf die   Gemütsstimmung.
- Kopfschmerzen und Schwindelanfälle können ihre Ursache in träger Verdauung haben.
- Ein recht gutes Mittel zur Hebung besteht darin,   indem man allmorgendlich auf nüchternen Magen ein Glas abgestandenes Wasser trinkt.

Gegen Verschleimung

- leistet folgende Teemischung, täglich 1 bis 2 Tassen schluckweise getrunken, nützliche Dienste.
- Bockhornklee, Huflattich, Fenchel, isländisches   Moos, Lungenkraut, Malveblüten, Wegerich ung   Veilchenblätter.
- Die ganze Mischung unter Honigzusatz, erhöht die Wirkung.

Bei Verbrühungen und Brandwunden

sind gequetschte rohe Kartoffeln von sofort lindernder und heilender Wirkung.

Anmerkung: Stimmt, weiß ich noch von meiner Mutter.

Verbrühungen.

Auch ungesalzene frische Butter, vermengt mit frischem Eigelb, leistet gute Dienste.

Wichtig:

Auch hier gilt, wer es ausprobieren möchte, sollte ganz frische Eier kaufen.

Achtung:

Eier nie bei offenen Brandwunden anwenden!!
Bei schwereren Verbrühung informieren Sie den Notarzt.

Gegen Warzen

Es empfiehlt sich das öftere Betupfen derselben mit starker Essigsäure aus der Apotheke.
Die Säure muss eintrocknen.

Anmerkung:

- Mein Vater hatte auch hin und wieder mit Warzen zu kämpfen.
- Er verwendete dazu Schöllkraut.
- Das hatte immer ein Plätzchen in unserem Garten.

Information Schöllkraut:

- Das Schöllkraut oder Warzenkraut ist in unseren   Breiten häufig anzutreffen.
- Die Pflanze ist ein alt bewährtes Heilkraut für Warzen und andere Hautbeschwerden.

- Vor allem der orangene Milchsaft, der in den   Stängeln und Blättern des Schöllkrauts zu finden ist, spielt dabei eine große Rolle.
- Bei der Verwendung von Schöllkraut gibt es jedoch einiges zu beachten, da der Milchkraut sowie einige andere Pflanzenbestandteile giftig sind.

Warnung: Nicht in rohem Zustand verzehren.

Anwendung bei geschlossenen Warzen:
Etwas Saft eines Blattes eine von einem kleinen Stück des Stengels auf der Warze verteilen.

Wichtig:
bei offenen Warzen fragen Sie besser Ihren Arzt, oder einen guten Apotheker.

Gegen Weißfluss.
Ein sehr gutes Mittel gegen Weißfluss ist der Taubnesseltee. Man trinke täglich morgens und abends je eine Tasse.

Wermuttee
- ist ein ausgezeichnetes Mittel zur Verdauung und appetitanregend.
- Besonders bei schwer verdaulichen speisen, die Magendrücken verursachen, genügen ein paar Schlucke dieses Tee, um Beschwerden schnell zu beseitigen.
- Setzt man dem Tee etwas Honig zu, so erhöht sich die Wirkung.

Gefährliche Wespenstiche.
- Es kann vorkommen, dass man im Halse während des Schluckens von Getränken oder Früchten, von Wespen gestochen wird.

- In diesem Falle ist nicht selten Lebensgefahr durch Ersticken vorhanden.
- Folgendes Mittel bringt, sofort angewendet, rasche Erleichterung.
- Sobald man spürt, dass man im Munde oder im Hals gestochen ist, nehme man einen Teelöffel voll Kochsalz mit etwas Wasser angefeuchtet und verschlucke dies langsam.
- Geschwulst und Schmerzen verschwinden.

Wichtig: Bei Allergien gegen Insektenstichen, oder wenn es mit o.g. Mittel nicht schnell besser wird, sofort den Notarzt anrufen.

Wolf

ist ein Volksausdruck für eine durch Reibung beim Gehen entstandenes Wundsein in der Haut.
- Es gibt Menschen, die sich sehr leicht wund gehen oder wund schwitzen und wo dann das entstandene Ekzem große Körperflächen befällt.
- Am Besten wirken Bestreichung der wunden stellen mit 3-prozentiger Lapislösung und oftmaliges dickes Einstauben mit Federweiß (nicht Reismehl).
- In den Falten muss man Gazestücke legen, die stark mit Federweiß engestaubt sind, damit sich die Haut nicht aneinander reiben kann.

Informationen:
- Lapislösung ist eine Silbernitratlösung. Wenn Sie diese erwerben möchten,
  besprechen Sie dies mit Ihrem Arzt, oder in der
  Apotheke. Dort erhalten Sie dann auch die gewünschte Mischung.
- Federweiss = Talk.
  Talk ist ein natürliches und wasserhaltiges

91

Magnesiumsilikat, das in der Pharmazie unter anderem als Hilfsstoff für die Herstellung von Tabletten und als Grundlage für die Zubereitung von Pudern verwendet wird.
- Talk wurde traditionell für die Wundbehandlung und für die Babypflege verwendet.

Warnung:

- **Von beiden Anwendungsgebieten wird heute abgeraten.**
- **Talk soll nicht eingeatmet werden, weil dies zu Atemstörungen und Lungenschäden führen kann.**
- **Der vom Arzneibuch definierte Talk muss frei vom karzinogenen Asbest sein.**

Information:

Es gibt heute Puder, denen Talk beigemischt ist. Dieses kann verwendet werden.

Gegen Wundlaufen.

Bei anstrengenden Märschen bestreicht man die Süße und den Wunddruck mit Eiweiß und das Brennen wird gelindert.

Anmerkung:

Auch hier gilt: unbedingt nur frische Eier, am Besten direkt vom Hühnerhof verwenden.

Gegen Wucherungen von wildem Fleisch.

Man bestreue die Stelle mit sehr fein gepulvertem reinem Zucker.

Wunden. Grundregel:

- Hände weg von Wunden!
- Anfassen bringt Schmutz und Krankheitskeime hinein.
- Große Verunreinigungen wie Straßenschmutz, Erdkrusten,

mit angefeuchteter reiner Leinwand   betupfen.
(Abgekochtes oder reines Quellwasser)
Schutzverband, Leinwand oder Mullbinde auf die
Wunde.

Wichtig:
- **Bei größeren Wunden, ist es am Besten, Sie gehen zu Ihrem Arzt, oder direkt in eine Klinik.**
- **Das gilt vor allem auch dann, wenn die Wunde eitert, oder sich entzündliche Ränder bilden.**

Zwiebeln gegen Wurmleiden.
- Die gute Wirkung Knoblauch artiger Klistiere gegen Madenwürmer ist bekannt.
- Aber auch gegen Bandwurm bewährt sich der Genuss einer Abkochung von 3-4 Knoblauchzinken mit einem Liter Milch, welche auf zwei Drittel   eingekocht und dann abgeseibt wird, jedenfalls war   das Bandwurmmittel nach Verabreichung dieser Abkochung – wie auch nach Genuss von rohen Zwiebeln – stets erfolgreicher, als ohne die Beihilfsmittel.

Information:
Zinken – altes Wort für Zehen. Hier – Knoblauchzehen.

* * *

2. Praktische Winke für Haus und Küche Kniffe und Ratschläge

Weißt du schon liebe Hausfrau !

- **dass weißer Käse**, frische Tomaten, Radieschen uvm. Besonders für Kinderkost weitaus bekommlicher und wertvoller sind, als Brot und Wurst?

- **dass die Verwendung von Zwiebeln** sehr wichtig ist? In reichlichen Mengen genossen, beugt man so vielen Darmkrankheiten vor.

- **dass bei Bienen- und Welpenstichen** Schmierseife das beste Mittel ist?
  Man streiche sie über den Stich und die gerötete Stelle und verhinder so das starke Anschwellen.
  Auch der Schmerz wird dadurch geringer.

- **Bei Zahngeschwüren** empfehlen sich Mundspülungen mit Himbeerblätterabsud. Täglich 3 mal warm.
  Auch Kamillentee-Spülungen erfüllen den Zweck.

- **Zahnschmerzen verschwinden im Augenblick**, wenn man Kölnisches Wasser oder hochprozentigen Schnaps, (keinen Likör) in die hohle Hand gießt und diese Flüssigkeit energisch in das Nasenloch hinaufzieht, auf dessen Seite der Schmerz tobt.
  Das Hinaufziehen ist durchaus nicht unangenehm, ganz ungefährlich und muss wiederholt werden, wenn die Flüssigkeit die Nasenschleimhaut nicht benetzen sollte.
  Der Schmerz ist im Augenblick verschwunden und bleibt stundenlang aus.

- **Schlechter Krankenzimmergeruch** wird durch zerschnittene   Zwiebeln rasch aufgefangen.
  In einigen Tellern auf den Fußboden stellen und alle acht Stunden erneuern.

Weißt du schon liebe Hausfrau, II

- **dass Fleisch** von älteren Tieren wie Geflügel, Rebhühner, Tauben usw. einen Zusatz von Natron vertragen, um bedeutend schneller gar zu werden?

94

- Dass die **Eierkuchen** sehr locker werden und man an Eiern spart, wenn eine oder zwei gekochte Kartoffeln daran gerieben werden?

- Dass eingelegte **Gurken** hart und fest bleiben, wenn man sie vor dem Einlegen mit einer Strick- oder Stopfnadel durchsticht?

- Dass sich **Gemüse** tagelang frisch hält, wenn man es mit Wasser besprengt und in einen Bogen Papier einschlägt?

- Dass alle Arten **saure Gurken** sich lange halten, wenn man beim Einlegen einige Stücke Meerrettich daran tut? Die Gurken müssen kühl aufbewahrt werden.

- Dass man sich einen **guten Ersatz für Eis** herstellen kann, wenn man:
  - in ein halben Liter Wasser
  - 100 Gramm Salmiaksalz auflöst?
  - Diese Flüssigkeit kühlt sehr stark.

Information:
- Salmiaksalz ist eigentlich Salmiak, welches ein relativ seltenes Mineral ist.
- Es besteht zu gleichen Teilen aus Ammonium und Chlorid.
- Salmiak oder auch Salmiaksalz ist eines der ältesten bekannten Heilmittel bei typischen Atemwegserkrankungen, wie etwa Husten oder festsitzendem Schleim.
- Im alten Ägypten war zudem die Verwendung von Süßholz als Heilmittel gebräuchlich.

Blendend weiße Wäsche
erzielt man, wenn man einen Leinenbeutel mit Eierschalen im Waschwasser mitkocht.

Um das Gefrieren der Wäsche

zu verhindern, setzt man dem letzten Spülwasser eine Handvoll Salz bei, das gut aufgelöst werden muss.

Das Waschen weißer Gardinen.

- Weiße Gardinen spült man zunächst in lauwarmem Wasser mit Sodazusatz aus.
- In warmer Seifenlauge ausdrücken, bis kein Schmutz mehr abgeht.
- Hierauf einseifen und in warmer Seifenlauge   gründlich durch waschen.
- Es folgt erneutes Einseifen, worauf die Gardinen mit kochender Lauge übergossen werden.
- Darin wäscht man sie nochmal durch und kocht sie in   gut seifigem Wasser mit Sodazusatz, hernach mit kochendem reinem Wasser übergießen, ausdrücken und kaltem Wasser nachspülen.
- Dann wie weiße Wäsche behandeln.
- Das Blauwasser muss etwas stärker gefärbt werden, da die Gardinen mehr Blau gebrauchen als andere Wäschestücke.

Information zu Wäscheblau:

- **Wäscheblau** nutzte man bis in die 50er Jahre hinein,   um dem Gilb und dem durch Ablagerungen von   Kalkseife entstehenden Grauschleier an den Kragen zu gehen.

Hier von der Firma Schneeberg

96

- Die Tabletten, Pulver oder Pasten bestanden im Wesentlichen aus gepresstem Stärkemehl, das mit dem mineralischen Pigment Ultramarin gemischt war.
- So wurden 5 bis 10 g auf fünf Kilo Wäsche in das Wasser des letzten Spülgangs gegeben.
- „Feinstes Waschblau" gibt's noch heute.

Waschen von wollenen Kleidungstücken.
- Wollene Kleidungstücke soll man niemals heiß waschen,da sie sonst leicht verfilzen und einlaufen.
- Man kann dies verhindern, wenn man dem lauen Waschwasser einen Schuss Salmiakgeist zusetzt.
- Ab Besten wäscht man solche Stücke in kalter Seifenlauge.

Strümpfe
- dürfen nach dem Waschen nicht ausgewrungen werden, sondern sie werden am Besten von der Fußspitze an zusammengerollt, um besser ihre Form zu behalten.

Der Waschseide
- gibt man nach der Wäsche etwas Steife, wenn man in dem Spülwasser einige Stücke Zucker auflöst.
- In sauberes Handtuch rollen und feucht plätten.

Wildleder-Handschuhe
- wasche man derartig, dass man sie anzieht und in lauwarmem Seifenwasser auswäscht.
- Zum Nachspülen ebenfalls Seifenwasser benützen, hernach zum Trocknen aufhängen.
- Dadurch dass man Seifenwasser als Spülwasser benützt, bleiben die Handschuhe weich.

Farbechte Gewebe.
- Man verreibt ein Stück des feuchten Stoffes langsam auf

97

weißem Papier, dann kann man deutlich den   echten von nach gefärbten Stoff unterscheiden.
- Beim gefärbten Stoff werden die Farbflecken   sichtbar, während beim echten Sott, sich keinerlei   Farbspuren zeigen.
- Diese Farbprobe ist einfacher und ebenso untrüglich   als das Einweichen eines Stoffzipfels in   Waschwasser.

Information:

Das Auffrischen der Farben kann mit folgenden Mitteln erreicht werden:
- Backpulver für Lila,
- Schwefelsäure für Rot,
- Essig und Alaun für Grün

Das Einlaufen von Wollstrümpfen.

- Bevor man Wollstrümpfe in Gebrauch nimmt bedeckt man sie mit einem nassen Tuch und bügelt so lange,   bis das Tuch trocken ist.
- Auf diese Weiße bleiben die Strümpfe immer wie   neu.

Der duftende Wäscheschrank.

- Man lege das in der Blüte stehende Kraut des   Lavendel in den Schrank.
- Das Kraut behält seine Kraft ein ganzes Jahr lang,   dann aber muss es erneuert werden.
- Es empfiehlt sich, selbst einige Lavendelpflänzchen   zu ziehen.

Flecken auf Tischplatten usw.,

- die von heißen Gegenständen herrühren, werden   schnell durch Abreiben mit Zigarettenasche und   einigen Tropfen Öl beseitigt.

Tipp:
- Ich mische Salz mit Olivenöl und reibe den Tisch bzw. das Möbelstück damit ein.
- Ab Besten über Nacht einwirken lassen, und dann am Morgen mit Küchenrolle abnehmen.
- Mit einem weichen Tuch nach polieren.

Rostflecke aus weißen Kleidern usw.
- werden mit erhitztem Zitronensaft beseitigt.
- Bei kleinen Flecken genügen einige Tropfe auf den Rostfleck, wonach die Stelle über heißem Dampf gehalten und gerieben wir.
- Bei größeren Flächen wird aus gepresster Zitronensaft stark erhitzt und der Gegenstand damit behandelt.
- Selbst veraltete Rostflecken sind nach dieser Behandlung in einigen Minuten verschwunden.

Fettflecken aus Tapeten, Fußböden uvm.
- Tonerde mit kaltem Wasser anrühren, diesen Brei auf die fleckigen Stellen streichen, ober Nacht einwirken lassen und morgens abbürsten.
- Evtl. wiederholen.

Rotwein-, Stock- und Jodflecken
- aus Wolle Baumwolle oder Wäschestoff zu entfernen.
- Weiße Bohnen werden ohne Salz gekocht, bis sie weich sind.
- Die Flüssigkeit durch ein Sieb gießen, erkalten lassen und damit die Flecken entfernen.

Rote Tintenflecken.
- Recht dick mit Senf bestreichen, einige Stunden liegen lassen und auswaschen.

Kirschflecken.

- Waschen der Flecken in lauwarmem Wasser mit Seife.
- Danach die Flecken in Milch tauchen und über Nacht ziehen lassen.

Erdbeerflecken.

- Fleckenstellen werden mit Boraxlösung angefeuchtet und etwas erweicht.
- Alsdann mit in die Lösung getauchten Leinenläppchen aus gerieben.
- Bei besonders hartnäckigen Flecken, der Lösung etwas Salmiakgeist zusetzen.

Schweißflecken

- verschwinden aus bunten Stoffen durch Abreiben mit Salmiakgeist oder durch Befeuchten mit Essig.

Schweißflecken auf Seide.

- Metholspiritus und Salmiak zu gleichen Teilen mischen, angegriffene Stellen, die Flüssigkeit legen, danach mit Seifenwasser aus Gallseife waschen.

Milchflecken aus seidenen Stoffen

- entfernt man mit einem Brei von Magnesia und Äther. - Nach dem Trocknen das anhaftende Pulver durch vorsichtiges Abreiben entfernen.

Brandflecken (Sengflecken)

- Die frischen Flecken werden mit einer leichten Boraxlösung wesentlich gebessert.
- Aus Bastseide usw. verschwinden sie fast vollkommen.

Grasflecken.

- Eine Messerspitze Zinnsalz in ½ Liter Regenwasser auflösen.
- Nach der Reinigung mit kaltem Wasser nach waschen.

Tintenflecke auf Parkettfußböden.

- Zitrone verschneiden, mit der Hälfte den Fleck so lange reiben, bis er ganz verschwunden ist.
- Zwischendurch mit heißem Seifenwasser waschen.

Bierflecken in hellen Kleiderstoffen.

- Quillajarinde in kaltem Wasser lösen, damit Flecke entfernen.

Information:

- Seifenrindenbaum (*Quillaja saponaria* Molina), selten auch Panamaholz genannt. Sie ist im warm-gemäßigten zentralen Chile beheimatet.
- Der im Englischen „Soap bark tree" genannte Seifenrindenbaum (*Quillaja saponaria*) wird in der Volksmedizin genutzt.
- Die Rinde („Panamarinde" genannt), die Saponine enthält, wird für Seifen und vor allem als Haarwaschmittel genutzt.
- Quillajaextrakt (E 999) ist ein in der EU zugelassener Lebensmittelzusatzstoff, der ebenfalls aus der Rinde des Seifenrindenbaumes gewonnen wird.

Blutflecken

- entfernt man aus zarten Geweben, wenn man beide Seiten mit einem Brei aus 100 Gramm Weizenstärke und 10 Gramm Wasser bedeckt.
- Nach Trocknung die Masse vorsichtig entfernen.
- Bei alten Flecken das Verfahren wiederholen.

Teerflecken.

- Aus reiben mit rohem Eigelb und lauwarm nachspülen.
- Ferner Alkohol und Benzin zu gleichen Teilen mischen.
- Man kann auch Butter verwenden.
- Die dadurch entstehenden Fettflecken werden mit Benzin entfernt.

101

Firnisflecken.

- Mit ungesalzener Butter aufweichen, dann
mit Petroleum oder Terpentinöl bestreichen und nach
einiger zeit mit Wasser und Seife nach waschen.

Ölfarbenflecke,

- Man mischt 4 Teile Spiritus, 3 Teile Schmierseife und
1 Teil Salmiakgeist und befeuchtet damit die Flecken.
- Nach Lösung mit in heißem Wasser getauchten
Schwamm oder Läppchen nachreiben.

Obstflecken

- müssen gleich frisch behandelt werden.
- Man spannt die Fleckige Stelle über eine Schüssel und
träufelt kochendes Wasser darauf.
Ebenso verfährt man, wenn auf zarte Gewebe Kaffee-
oder Teeflecke gekommen sind.

Schmutz- und Fettflecken aus Kleidern

- werden mit der Schnittfläche einer rohen,
durchgeschnittenen Kartoffel behandelt.
- Dieses Verfahren hinterlässt keine Rändern.

Entfernen von Fettflecken aus Büchern.

- Magnesia vermischt mit Benzin, bis eine krümelige Masse
entsteht.
- Den Fleck damit einreiben und die Magnesiakrümel
weg klopfen.
- Alte Flecke mehrmals behandeln.

Information:

- Magnesiumoxid (Magnesia), veraltet auch Bittererde, ist
das Oxid des Magnesiums.

Schimmelflecken in Kleidern

- entfernt man durch Bestreichen mit in Wasser aufgelöstem Salz und Salmiak.

Obstflecken an den Händen.

- Diese sehr hartnäckigen Flecken entfernt man durch Waschen der Hände in Buttermilch.

Gegen Flecken auf Elfenbein hilft Salmiakgeist.

- Ein gutes Reinigungsmittel ist Zitrone, deren Schnittfläche in Salz getaucht wurde.
- Der Belag bleibt eine halbe Stunde drauf, dann abwaschen und nachspülen.

Fettige Rockkragen und Hutleder

- reinigt man durch Waschen mit einer Mischung von 10 Teilen Wasser und einen Teil Salmiakgeist, die das Fett auflöst.

Weiße Filzhüte

- reinigt man mit einer Paste von Magnesia und kaltem Wasser, die man mit einem weichen, sauberen Pinsel auf den Hut streicht.
- Nach einigen Stunden wird die getrocknete Masse abgebürstet und der Hut ist wieder weiß und neu.

Entfernung des Glanzes von Kammgarnstoffen.

- 20 Gramm Salmiak und 20 Gramm Salz in lauwarmem Wasser auflösen, damit die Stellen abbürsten.

Information:

- Als Kammgarn wird ein Garn bezeichnet, das aus dem Kammzug der Wolle (sogenannter Kammwolle) oder anderen feinen Tierhaaren, aus Chemiefasern (insbesondere Polyester- und Polyacrynitrilfasern) oder aus Mischungen dieser Fasern nach dem

Kammgarnspinnverfahren hergestellt wird.
- Die aus dem Kammzug von Baumwolle hergestellten
  Garne werden nicht zu den Kammgarnen gerechnet.

Schwarze Strohhüte
- werden wie neu, wenn man sie mit einer Mischung von
  Milch und Ruß einreibt.

Benzinränder.
- Um die hässlichen Benzinränder zu beseitigen,   nimmt
  man Kartoffelmehl das man sofort nach dem   Reinigen
  ziemlich dich auf das noch feuchte Benzin streut.
- Das Mehl saugt den im Benzin enthaltenen Schmutz
  restlos auf.

Zu enge Schuhe sind eine Qual.
- Dem Übel wir leicht abgeholfen durch eingießen von
  Spiritus in den Schuh.
- Sofort anziehen, dann formt sich der Schuh nach   dem
  Fuß.

Seidene Strümpfe
- werden in lauwarmer Efeubrühe gewaschen.
- Nachspülung in Wasser mit etwas Essig zugesetzt.

Angeschnittene Zwiebeln
- haben die Eigenschaft, alle Gerüche anzunehmen,
  deshalb werden diese in einem verschließbaren   Gefäß
  aufbewahrt.

Ölgemälde reinigen.
- Lappen in warme Milch tauchen und vorsichtig abreiben.
- Die Rahmen werden ab gepinselt und die Flecken mit
  einer aufgeschnittenen Zwiebel abgerieben.
- Hält auch die Fliegen ab.

Pelzkragen

- reinigt man mit feinem Sand, der über einer Flamme erhitzt wurde.
- Das Pelzwerk damit abbürsten und links vorsichtig ausklopfen.

Nasse Pelzmäntel

- trocknet man nicht am Ofen, sondern hängt sie auf einen Bügel in normale Zimmertemperatur.

Fliegenschmutz aus seidenen Lampenschirmen usw.

- wird entfernt, wenn man die betreffenden Stellen mit einem in Essigwasser getauchten Läppchen   vorsichtig abreibt.

Teppiche reinigen.

- Mit Schnee kräftig ausbürsten und tüchtig klopfen, Reinigung von kupfernen Ziergegenständen.dadurch bekommen die Teppiche ihre frische Farbe wieder.

Reinigung von kupfernen Ziergegenständen.

- Man bereite eine Salbe von dunkler Schmierseife und Salmiakgeist.
- Mit einem weichen Lappen den Gegenstand abreiben und mit wollenen Lappen blank polieren.

Ölfarben - und Lackpinsel (verhärtete)

- kann man aufweichen, wenn man sie einige Tage in Kabolineum legt.

Information:

- Carbolineum auch Karbolineum oder   Steinkohlenteeröl ist ein öliges, wasserunlösliches,   brennbares, braunrotes, teerig riechendes, hoch   siedendes Destillat aus Steinkohlenteer.

105

Läufer und Teppiche reinigen.

- Man kocht Quillajarinde mit Wasser auf, lässt sie abkühlen und bürstet gründlich mit einer weichen Bürste.

Aluminiumgeschirr reinigen.

- Vorzügliches Mittel: Auf einen Liter Wasser nimmt man 30 Gramm Borax, nach dessen Auflösung fügt man einige Tropfen Salmiakgeist hinzu.
- Die Töpfe werden wieder schön und sauber.

Messinggegenstände

- reinigt man am Besten, indem man sie mit einer zerschnittenen Zitrone abreibt.
- Mit kaltem Wasser nachspülen und mit Leinentuch trocknen und blank reiben.

Bei verrostetem Nickel, Kupfer, Eisen und Stahl

- kann auch Zitronensaft angewandt werden.
- Den Saft mit feinem Sand mischen.

Tipp:

- Hilfreich ist auch Gegenstände aus Eisen und Stahl, über Nacht in Cola einlegen, und am anderen Morgen mit einem groben Tuch oder einer Bürste säubern.

Glasierte Kachelöfen

- dürfen niemals in eingeheiztem Zustand mit nassen Tüchern gereinigt werden, da sonst die Glasur Sprünge erhält.

Benzin unentzündlich machen.
- Man löst eine minimale Menge Ammoniak-Seife darin auf.

Fliegen verschwinden
- wenn man den Zimmern sofort, grünes Melissenkraut aufstellt.

Rasierklingen schneiden besser,
- wenn man sie vor Gebrauch in heißes Wasser legt.

Papier brennt nicht, wenn es mit Alaunlösung getränkt.

Oelfarbenanstriche in Badezimmern und Küchen.
- Die Wände reinigt man mit einem in Petroleum getränkten Lappen.

Kupfer reinigen.
- Angelaufenes Kupfer reinigt man am Besten mit Kleesäure, welche mit etwas Wasser aufgelöst wird.
- Abreiben mit einem baumwollenen Lappen.
- Sofort mit Wasser nach waschen, dann mit Putzkreide und Leder nach reiben.

Information:
- Oxalsäure (systematischer Name: Ethandisäure, historisch: Kleesäure und Acidum oxalicum) ist die einfachste Dicarbonsäure.
- Oxalsäure kann zur Entfernung von Rostflecken oder als Bleichmittel verwendet werden.
- In der Imkerei wird Oxalsäure als Winterbehandlung zur Bekämpfung der Varroamilbe eingesetzt
- Im Fichtelgebirge wurde aus Sauerklee gewonnene Oxalsäure zum Bleichen von Quarz (Bergkristall)

benutzt, welcher hier vorwiegend unter der Stadt Weißenstadt vorkommt.
- Oxalsäure (Kleesalz) wird zum Glanzpolieren von Marmor verwendet.
- In der Holzbearbeitung dient Oxalsäure als mildere Bleiche (im Vergleich zum Wasserstoffperoxid) für Holz und wird vor allem zur Entfernung von schwarzen Flecken verwendet, die durch eine Reaktion von Gerbsäuren (Inhaltsstoffe des Holzes) mit Metall entstanden, beispielsweise durch Kontakt von gerbsäurehaltigen Hölzern mit eisernen Werkzeugen

Essig als Putzmittel.
- Um Glasscheiben und Tafelglas billig zu reinigen, nutze man Essig, es gibt dem Glas einen hellen Hochglanz, den man mit teuersten Mitteln nicht erreicht.

Silber putzen.
- Das Wasser von geschälten Kartoffeln gibt ein vorzügliches Putzmittel.

Reinigen der Fensterscheiben.
- Man schütte auf ein Leinenläppchen etwas Schlämmkreide und verfertige sich hieraus ein fest schließendes Beutelchen.
- Dieses taucht man leicht ins Wasser und fährt mit ihm über die Scheiben.
- Nach trocknen mit einem weichen Lappen.
- Auch weißlackierte Küchenmöbel usw. lasse sich auf diese Weise gut reinigen.

Information:
- Schlämmkreide ist ein Naturprodukt, das früher in fast jedem Haushalt zu finden war.
- Mittlerweile wird es jedoch nur noch selten genutzt.

- Dabei kann die Heilkreide vielfältig eingesetzt werden, z.B. für die Zahnpflege oder als Reinigungsmittel.
- Schlämmkreide, auch Heilkreide oder chemisch Calciumcarbonat genannt, wird aus feinem Kalkgestein gewonnen und kann nach der Aufbereitung als umweltschonender Ersatz für etliche   chemische Kosmetika und Reinigungsmittel dienen.

Schmutzige Brillengläser
- lassen sich sehr gut säubern, wenn man sie mit trockener Seife einreibt und dann mit einem Ledertuch nachpoliert.

Nickelgegenstände
- reinigt man mit kochendem Spinatwasser, auch Rhabarberwasser ist ein treffliches Putzmittel.

Kokosläufer
- reinigt man anstatt mit Seife besser mit heißem Wasser, in dem Kochsalz gelöst ist.
- Die Farben werden wieder kräftig und hell.
- Mit klarem Wasser spülen, im Freien trochnen.

Fliegenfrei
- erhält man Fenster und Spiegel, wenn man sie mit Waschleder, das durch einige Tropfer Essig angefeuchtet ist, abreibt.

Gegen Fliegen gutes Mittel.
- Man tränkt einen Schwamm mit dem allgemein bekannten Lavendelwasser und hängt ihn in den   Raum an einem Faden auf.
Die Fliegen meiden diesen Geruch.

Goldwaren reinigt man

- in heißem Seifenwasser, dem man ein wenig Salmiakgeist zugesetzt hat.
- In klarem Wasser nachspülen und gut trocknen.

Helle Ledertaschen.

- Man nehme 10 Teile Wasser und einen Teil Salmiakgeist, mit dieser Lösung die Tasche reinigen.

Wie reinigt man Ledermöbel?

- Vaseline recht gut verreiben, lasse es einige Stunden darauf und poliere mit einem weichen Lappen nach.

Mittel gegen Fliegenschmutz

- auf Möbeln, Bilderrahmen usw. Spiritus zur Hälfte mit Wasser verdünnen.

Alte Photographien

- reinigt man zweckmäßig mit einem mit Spiritus getränkten Wattebausch.

Messing

- bleibt länger blank, wenn man etwas Öl darüber reibt.

Fleisch

- bleibt länger frisch, wenn es mit Essig abgerieben wird.

Korken werden luftdicht durch Eintauchen in Parafin.

Schuhsohlen

- bleiben haltbarer nach mehrmaligem Bestreichen mit Firnis.

Seidentücher

- reinigt man mit Kartoffelsaft.
- Rohe Kartoffeln reiben und auspressen.

Bernsteinschmuck - wird mit Weingeist gereinigt.

Blind gewordene Glasflaschen
- werden klar, wenn man sie mit rohen Kartoffelstückchen und Wasser kräftig schüttelt.

Schwämme
- reinigt man am Besten in starkem Salzwasser.
- Sie werden in reinen Wasser nachgespült, an der Luft getrocknet.

Nachgedunkeltes Leder
- kann aufgefrischt werden, wenn man es mit Eiklar putzt, dem man eine Spur schwarze Tinte beigemischt hat.

Korbmöbel
- erhalten ihre ursprüngliche Weiße zurück, wenn man Schlämmkreide mit einer gleichen Menge von Kleesalz in lauem Wasser verrührt.
- Mischung mit einer Handbürste auftragen, tüchtig bürsten und mit Essigwasser nachspülen.
  An der Luft getrocknet werden die gehandelten Möbel wieder neu aussehen.

Helle Filzhüte reinigen.
- Man mische 50 g Salmiakgeist, 20 g Kochsalz, 60 g Alkohol und reibe mit dieser Mischung die Hüte kräftig mit weißem Wolllappen, die öfters gewechselt werden müssen, ab.
- Mit einer Bürste nach dem Strich abbürsten.

Metallstempel
- reinigt man am Besten mit Benzin oder Petroleum.

Wasserstein im Wassertopf

- entfernt man dadurch, dass man den Wassertopf gründlich mit Kartoffelabfällen auskocht.
- Der Wasserstein löst sich dann von selbst und braucht nur ausgeschüttet werden.

Fenster lassen sich vor Frost schützen,

- wenn man sie Abends mit einem Gemisch aus Spiritus und Glyzerin zu gleichen Teilen einreibt.

Harte Gummiwalzen

- werden wieder elastisch und weich, wenn man sie in eine Mischung von einem Teil Ammoniak oder Salmiakgeist zu 2 Teilen Wasser legt.
- Auch andere hart gewordenen Gummiartikel lassen sich auf diese Weise erweichen.

Lackschuhe,

- welche an Glanz verloren haben, wäscht man erst mit lauwarmem Wasser ab, dann taucht man ein Schwämmchen   in Milch, reibt damit das Leder ab und lässt die Feuchtigkeit ein paar Minuten   einziehen.
- Zum Schluss sorgfältig mit einem sauberen Tuch abreiben und trocknen.

Die Bügelfalte der Hose

- lässt sich wieder herstellen.
- Man legt dies sorgfältig entsprechen zusammen und lässt die Hose durch die Wringmaschine gehen.

Eiweiß als unlösliches Klebemittel.

- Eiweiß, das man mit einer Gabel zu Schaum schlägt und mit einem Pinsel aufträgt, gibt ein vorzügliches Klebemittel für Etiketten auf Gläsern, Flaschen, Blechbüchsen uvm.
- Dieselben lösen sich durch Feuchtigkeit nicht ab.   112

Spielkarten reinigen.

- Ein leinenes Tuch mit einigen Tropfen Kölnisch   Wasser befeuchten und damit die Karten leicht abreiben.
- Kurz trocknen lassen und mit einem anderen Tuch nach reiben.

Blumen bleiben lange frisch

- durch Beigabe eines Stückchens Soda an das Wasser.

Blumen frisch erhalten.

- Man frischt welke Blumen wieder auf, indem man die Stengel etwas bescheidet und dem Wasser einige Tropfen Kampferspiritus beisetzt.
- Die Blumen sehen nach kurzer Zeit wieder wie frisch gepflückt aus.

Schnittblumen

- erhält man lange frisch, wenn man dem kalten Wasser zerstoßene Holzkohle beimengt.

Stärke für Plättwäsche.

- Zur angerührten rohen Stärkemasse tut man einen haselnussgroßes Stück Butter, schüttet kochendes Wasser darüber und verrührt gut.
- Man wird sich über die Glanzwäsche wundern.

Milch, die nicht anbrennt.

- Will man Milch oder leicht anbrennbare Speisen kochen, soll man vorher den Topf mit kaltem Wasser ausspülen, die Speisen werden dann nicht anbrennen.

Das Sauerwerden der Milch

- verhütet man in der heißen Jahreszeit durch   Abkochen mit Zucker.
- Bei Kaltstellung hält sie sich selbst bei starker Hitze 2 Tage lang.

Verhüten von Verschimmeln der Würste.

- Auf einem Teller bereitet man einen Brei mit Kochsalz zu.
- Mit diesem bestreicht man die schimmeligen Würste.
- Es bildet sich nach einigen Tagen eine Kristallschicht und der Schimmel ist verschwunden.

Besonders viel Zitronensaft

- erhält man, wenn dieselben vor dem Auspressen erwärmt werden.

Anmerkung:

Kräftiges rollen der Zitrone ergibt ebenfalls viel Saft.

Um die Feuchtigkeit in Wohn- und Schlafräumen

- zu beseitigen, stellt man in dem Zimmer, unter dem Tisch oder dem Bett, einen Blechkasten mit gebranntem ungelöschtem Kalk auf.
- Dieser saugt alle Feuchtigkeit aus der Luft auf.
- Durch einen mit Kochsalz gefüllten Topf erreicht man den selben Zweck.
- Das Salz kann man immer wieder trocknen und von Neuem verwenden.

Tipp:

- Man kann auch Katzenstreu verwenden.
- Dies eignet sich auch sehr gut im Auto gegen Anlaufen der Scheiben.

Bindfaden wird haltbarer,

- wenn man denselben einige Tage in Alaunlösung legt.

Schwarzer Lack für eiserne Öfen.

- Man bringt 1 Kilogramm Holzteer zum Sieden und gibt 65 Gramm pulverisiertes Eisenvitriol hinzu.
- Der Ofen wird erwärmt und der heiße Lack mit einem Pinsel aufgetragen.   114

- Durch die Wärme des Ofens trocknet er rasch ein und es gibt einen festen, glänzenden Überzug.

Information:
- Eisen(II)-sulfat (auch Ferrosulfat, Grünsalz, Eisenvitriol, früher auch Grüner Galitzenstein und lateinisch Vitriolum viride) ist ein zweiwertiges Eisensalz der Schwefelsäure.
- Der Name Grünsalz für Eisen(II)-sulfat-Heptahydrat leitet sich von der grünlichen Farbe des kristallwasserhaltigen Salzes ab.

Das Einmachglas springt nicht,
- auch wenn das gekochte Obst mitsamt der Flüssigkeit sofort heiß eingefüllt wird, wenn man das Einmachglas auf ein mit kaltem Wasser angefeuchtetes Tuch stellt und die Enden desselben um den unteren Teil des Gefäßes schlingt.

Gedrückte Pelze wieder auffrischen.
- Man nehme einen nassen Schwamm, befeuchte damit tüchtig den Pelz, bürste die nassen Teile strichweise und hänge den Pelz zum Trocknen auf.

Weiße Fenstergesimse aufzufrischen.
- Man rühre Schlemmkreide mit etwas kaltem Regenwasser zu einem Brei und reibe mit dieser Mischung vermittels eines Lappens das Gesimse, bis es wieder in aller Frische glänzt.
- Der Erfolg ist überraschend.

Glut im Ofen erhalten.
- Die Glut hält sich über Nacht, wenn man 1-2 Briketts fest in Zeitungspapier wickelt, diese auf die Glut legt und den Ofen zuschraubt.

Zu dicke Flaschenkorken

- beschneidet man nicht ringsum, sondern man schneidet aus der Mitte der unteren Fläche ein Keil förmiges Stück heraus.

Fliegen fernhalten von Fleisch usw.

- Man lege einige Zwiebelscheiben auf die   Fleischwaren, Fliegen meiden den Zwiebelgeruch.

Damit versalzene Suppen

- den richtigen Geschmack wieder erhalten, kocht man einen silbernen Löffel mit.

Tipp:

- Man kann auch ein Kartoffel oder eine feste Brotrinde   in die Suppe geben.
- Diese dann wieder entfernen, sie nimmt das überschüssige Salz auf.

Hart gewordenen Käse

- frisch zu machen. Man legt den Käse einige Zeit in frische Milch, lässt in abtropfen und trocknet ihn mit   einem reinen Tuch ab.

Wie sind Tomaten aufzubewahren?

- Zur Aufbewahrung eignen sich nur reife und gesunde Früchte.
- Man legt diese in ein verschließbares Gefäß und mit einer Mischung von 100 Teilen Wasser, einem Teil   Essig und einen Teil Kochsalz überschütten.
- Das ganze mit einer dünnen Schicht feinsten   Olivenöls übergießen.

Trauben mit heißem Wasser waschen.

- Es genügt nicht, sie kalt zu waschen, weil kaltes Wasser

nicht imstande ist, die Wachsschicht und   damit den Schmutz abzulösen.
- Am Besten taucht man die Trauben einige male kurz in heißes Wasser und spült dann kalt nach.
- Der Wohlgeschmack der Trauben leidet dadurch   nicht.

Tipps:
- Ich verwende, je nach Menge der Trauben, 1-2 Teelöffel Natron und weiche dieses in gut warmem   Wasser auf.
- Darin wasche ich dann die Trauben.
- Mit kaltem Wasser abspülen und ggfls abtrocknen.
- So kann man jedes Obst und Gemüse von Wachs und Schmutz reinigen!

Beseitigung von üblem Fleisch- und Fischgeruch.
- Fleisch und Fische haben oft einen üblen Geruch, ohne deswegen verdorben zu sein.
- Um diesen üblen Geruch zu beseitigen, löse man in   ein bis zwei Liter Wasser ein Körnchen   übermangansaures Kali auf und benütze diese Mischung zum Abwaschen des Fleisches.

Information:
Übermangansaures Kali (*Übermangansaures* Kalium, Kaliumhypermanganat, Kali hypermanganicum).
- Das Mangan bildet mit dem Sauerstoff noch zwei Verbindungen, die mehr Sauerstoff enthalten, als das Manganhyperoxyd und den Charakter schwacher   Säuren haben; es sind dies die Mangansäure und die Übermangansäure.
- Das übermangansaure Kali wird als kräftiges Desinfektionsmittel zu medizinischen Zwecken verwendet, ferner als Bleichmittel und als braune   Beize für Holz.

Ameisen vernichten.

- Großen Tafelschwamm mit Zuckerwasser befeuchten und an den Ort legen, der von Ameisen gesucht wird. - Sobald derselbe voll Ameisen ist, in heißes Wasser tauchen.

Tipp:

- Da ist mir Backpulver lieber, das ich auf die Ameisenwege streue.
- Das vertreibt sie und Ruhe ist.

Wanzenvertreibung.

- Wenn das Zimmer frisch getüncht wird, der Kalkmenge etwa ein achtel Alaun beifügen.
- In so behandelten Zimmern halten sich keine Wanzen mer auf.

Ebenso verschwinden Wanzen sofort,

- wenn man die Wände, Bettstellen usw. worin die Tiere nisten, mit einer kochenden Alaunlösung bestreicht.

Schaben usw. vernichten.

- Man mische zwei Drittel Borax und ein Drittel Staubzucker.
- Diese Mischung spritze man in die Fugen, in denen sich Schaben aufhalten.

Ein vorzügliches Desinfektionsmittel

- für Wohnräume das allem Ungeziefer ein schnelles Ende bereitet, ist eine Mischung von
- zehn Teilen Guajiakol,
- vier Teilen Menthol,
- acht Teilen Eukalyptol,
- sechs Teilen Phenol,
- zwei Teilen Thymol,
- ein Teil Nelkenöl und

- 170 Teilen 20 prozentigem Alkohol.
- Diese Flüssigkeit lässt man am besten in einer Drogerie herstellen und versprengt sie im Zimmer.
- 10 Tropfen Mekka-Balsam hinzufügen.

Informationen:

- **Guajacol** kommt in Holzteerkreosot und in Holzteeren vor, den größten Gehalt besitzt Buchenholz, sowie Guajakharz.
- Guajacol dient in der Riechstoffindustrie zur Herstellung von Vanillin und Eugenol.
- In der pharmazeutischen Branche wird es beispielsweise in Arzneimitteln als Expektorans bei Bronchialerkrankungen (Guaifenesin) verwendet.
- In der Beschichtungstechnologie wird es für die „Anti-Skinning" Eigenschaften von Tinten und Lacken verwendet.

Eukalyptus

- **Reines Eukalyptusöl** besteht zu 60 bis 80% aus dem **früher Eukalyptol genannten** Cineol, und enthält daneben noch geringe Mengen Rechts- Pinen sowie möglicherweise etwas Camphen und Fenchon.
- **Phenol** ist ein aromatischer Alkohol aus der Gruppe der Phenole und entspricht einer aromatisch organischen Verbindung.

119

- Die Substanz zählt zu den - **Gefahrstoffen** und entfaltet toxische Wirkungen auf unseren Körper.
- Trotzdem wurde Phenol früher als Desinfektionsmittel verwendet.
- Thymol – Thymianöl

Achtung: Phenol zählt heute zu den Gefahrstoffen!

Mekkabalsam

Balsam des arabischen   Balsambaums Commiphora opobalsamum; als Heilmittel und   Riechstoff schon im Altertum   verwendet.

Kanarienvögel von Ungeziefer befreien.
- Beim Dunkelwerden bedeckt man den Käfig mit einem weißen, trockenen Tuch, in welchem sich   nachts die Milben festsetzten.
- Noch vor der Morgendämmerung ist das Tuch abzunehmen und auszukochen, damit die Milben vernichtet werden.
- Nach einigen Wiederholungen dieses Vorganges sind die Vögel von dem Ungeziefer befreit.

Ein wohlriechendes Mottenmittel
- ist getrockneter Steinklee.
- In Gazebeutel genäht, wird er zwischen Kleider gehängt und in die Sprungfedern der Sofas usw.   gelegt.
- Der zarte Geruch wird niemand belästigen, aber die Motten meiden ihn.

Information:
Steinklee (Melilotus), auch **Honigklee** genannt,
- ist eine Pflanzengattung, die zur Unterfamilie der Schmetterlingsblütler (Faboideae) innerhalb der   Familie der Hülsenfrüchtler (Fabaceae) gehört.
- Die etwa 20 Arten sind in Eurasien verbreitet.   120

Borax
- ist sehr nützlich im Haushalt.
- In einer abgekühlten   Boraxlösung gewaschenes Glas und Porzellan erhält   einen herrlichen Glanz,   ebenso werden damit   Schwämme und Bürsten   gereinigt.

Mittel gegen Mäuse.
- Angefeuchteten Chlorkalk (mit Wasser oder Essig) in einer flachen Schüssel auf den Zimmerboden   stellen.
- Von Zeit zu Zeit erneuern.

Ratten und Mäuse vertreibt
- man aus dem Keller, wenn man dem Kalkanstrich   etwas Eisenvitriol beifügt.

Information:
Eisen(II)-sulfat Heptahydrat war früher unter dem deutschen Namen **Eisenvitriol** bekannt.

Eier prüfen.
- 120 Gramm Kochsalz (= etwa 12 gestrichene   Esslöffel voll) löst man in ½ Liter Wasser auf.
- Ganz frische Eier sinken in dieser Lösung bis auf den Grund.
- Einen Tag alte Eier berühren den Grund nicht.
- 3 Tage alte Eier schwimmen in der Mitte,
- etwa fünf Tage alte Eier erreichen die Oberfläche.
- Je älter die Eier, desto mehr ragen sie aus dieser Lösung heraus.

Undichte Wärmflaschen.
- Solche Flaschen kann man weiter verwenden, wenn man zur Füllung getrocknete Zwetschgen - oder Kirschsteine verwendet und wärmt.
- Genannte Steine halten die Wärme länger als heißes Wasser.

Unbrauchbare Seidenkleider.

- Seide eignet sich vorzüglich als Ersatz für Federn zur Füllung von Kissen.
- Zu diesem Zwecke wird die Seide in kleine Stücke geschnitten.

Selters - und Mineralwasser

- läuft beim Einschenken nicht über, wenn man die Flasche beim Öffnen etwas schräg hält.

Zimmerluft verbessern.

- Man lässt einige Tropfen Terpentinöl in ein Fäß mit kochendem Wasser tropfen, das seinen Platz auf dem Ofen oder der Dampfheizung hat.
- Es entsteht Tannennadelgeruch, das Einatmen ist sehr gesund für Hals und Lunge.

Information:

Hier ist auch wieder Terpentinöl = Kiefernadelöl aus der Apotheke gemeint!

Mittel gegen Mücken.

- Man stelle auf das blumen- oder Fensterbrett der Küche einige Töpfe mit Tomatenpflanzen und es wird sich keine Mücke mehr in die Küche wagen.

Korkstöpsel luftdicht zu machen.

- Man bereite eine Lösung von 16 Gramm Gelatine oder gutem Leim und 24 Gramm Glyzerin in einem halben Liter Wasser.
- Die Korke legt man einige Stunden in die Lösung, welche dann jede Flasche absolut luftdicht schließen.

Ein natürliches Barometer ist der Tannenzapfen.

- Man hänge diesen an einem Faden in einem hellen Stubenwinkel auf.

- Steht schönes trockenes Wetter bevor, dann öffnen sich die Schuppen des Zapfens.
- Schließen sich diese, dann ist feuchtes, regnerisches Wetter zu erwarten.

Lösung des Kuchens vom Kuchenblech.
- Den Kuchen mit dem noch heißen Blech auf ein nasses Tuch stellen und der Kuchen lässt sich sehr bald mühelos vom Blech abheben.

Topfkuchen löst sich nicht aus der Form?
- Zunächst erkalten lassen, dann kurze Zeit über einen Topf mit kochendem Wasser halten.

Verbogene Zelluloidgegenstände kitten.
- Die Bruchflächen für einige Augenblicke in Essigsäure tauchen, zusammenbinden und trocknen lassen.

Taschenlampen brennen länger,
- wenn man sie öfters in der Ofenröhre erwärmt, sobald die Leuchtkraft nachlässt.

Achtung:
- **Batterien können explodieren!**
- **Am Besten, gar nicht erst ausprobieren!**

Wenn die Waage im Haushalt fehlt...

1 gestrichener Esslöffel ...   wiegt:

- Mehl	10 Gramm
- Grieß	10 Gramm
- Kartoffelmehl	10 Gramm
- Semmelmehl	10 Gramm
- Salz	10 Gramm
- Zucker	15 Gramm
- 1 Teelöffel davon	3 – 5 Gramm
- 1 Esslöffel festes Fett	20 Gramm

123

- 1 Esslöffel flüssiges Fett   10 Gramm
- 1 Ei wiegt durchschnittlich   50 Gramm

Katzenfell gerben.

- Man breite das Fell auf ein Brett zum Spannen aus und reibt mit einer Mischung von zwei Teilen   Kochsalz und einem Teil Alaun das Fell gut ein.
- Etwas 6 Tage ins   Freie oder an einen feuchten Ort stellen.
- Hernach ausstauben und mit einem nicht zu   scharfen Messer alles Unsaubere abkratzen.

Anmerkung von mir:

- das gleiche Verfahren wurde mit Hasenfell gemacht.
- Man bedenke, dass diese Ratschläge von der Zeit vor, während, oder kurz nach dem 1. Weltkrieg sind.
- Die Menschen mussten zusehen, dass sie im Winter warm hatten.
- Vor allem die kleinen Kinder, Alte und Kranke nutzten   die Felle.
- Entweder als Betteinlage, oder es wurden Jacken   und Hosen daraus hergestellt.

Erfrorene Kartoffeln

- werden wieder genießbar, wenn man sie mit kaltem Wasser zum Kochen aufsetzt.
- Sobald das Wasser kocht, abgießt und mit kaltem Wasser neu auffüllt und fertig kocht.

Getrocknete Holunderbeeren

- geben eine pikante Würze an Wildbraten und   Tunken.
- Gelten auch als erprobtes Räucher - und Desinfektionsmittel.
- Luftig und trocken in Leinenbeutel hängend aufbewahren.

3. Ratschläge und Winke zur Schönheitspflege

Fettige Gesichtshaut.

- Wer an fettiger Gesichtshaut und dadurch häufig entstehenden Pickeln leider darf Teerseife benutzen.
- Teer verursacht Entzündungen der Talgdrüsen in der haut.
- In solchen Fällen muss stets heiß gewaschen werden und empfiehlt es sich, die   Anwendung von Schwefelseife.
- Genuss von fettigem Schweinefleisch und Schweineschmalz ist zu vermeiden.
- Dagegen reichlich Obst und Gemüse genießen.
- Für regelmäßige Verdauung sorgen und gelegentlich Faulbeerrinde als mildes Abführmittel benützen.
- Sämtliche Mehl- und Stärkemehlpuder vermeiden, da diese die Haut reizen, ebenso   Salben.

Information:
Teerseife ist ein Naturkosmetikprodukt.
- Hergestellt und verwendet wird Teerseife vor allem in Russland und in den skandinavischen Ländern sowie   in der Türkei und auch in Mexiko.
- Es handelt sich hier um eine Herstellungsweise, wie   sie schon in der Steinzeit verwendet wurde.
- Dem Teer aus Birkenwurzeln etc. wird für die   Herstellung der Teerseife noch Kamillentee, Olivenöl, BIO-Kokosöl sowie Rizinusöl, Traubenkernöl und   Mangobutter,

125

wie   auch   Distelöl beigemischt.
- Der Geruch von dieser Naturseife ist sehr intensiv.

Schwefelseife:
- Zur Reinigung und Pflege unreiner, fettiger Haut
- Die Seife, die wie übliche Seife verwendet wird, ist alkalieseifenfrei und hautfreundlich.
- Enthalten sind, 5 g gereinigter Schwefel in 100 g seifenfreier Waschgrundlage.

Gurkensaft als Schönheitsmittel.
- Vor dem Schlafengehen Gesicht und Hände mit dem Saft von frischen, grünen Gurken einreiben, das Gesicht nach etwas 10 Minuten mit klarem Wasser nachspülen.

Unreine Haut,
- Flecken und Pickel werden beseitigt, wenn man das Gesicht täglich mehrmals mit einem Absud von Schafgarbeblättern wäscht.

Reinen Teint
- und blendende Gesichtshaut erzielt man durch Abreiben mit einer Zitronenscheibe.
- Zu diesem Zwecke schneidet man immer nur ein   kleines Stück ab.

Gegen Sommersprossen,
- Die Sommersprossen regelmäßig vor dem Schlafengehen mit Zitronensaft betupfen.

Weiteres Mittel.
- Kleine Meerrettich gibt man in eine Flasche und übergießt sie mit starkem Essig.
- Die Flasche stellt man, gut verkorkt, 14 Tage in die

Erde, hernach mit dieser Flüssigkeit die Flecken öfters einreiben.
- Schlehendornblütentee, täglich eine Tasse schluckweiße, unterstützt die Kur.

Hauptpflege.
- Um einen schönen Teint zu erhalten, ist Mandelkleie als Waschmittel zu empfehlen.
- Fahle Gesichtsfarbe und verschiedene Hautunreinheiten werden dadurch beseitigt.
- Die Haut reibt man mit Mandelkleie ein und wäscht mit klarem Wasser nach.

Gegen braunen Teint.
Orientalisches Hautverschönerungsmittel:

8	Gramm	reines weißes Wachs
8	Gramm	Walrat
125	Gramm	Mandelöl
-		schmelzen lassen und mit
100	Gramm	Rosenwasser
-		in einem Marmormörser bis zum Erkalten reiben.
-		Zuletzt 5 Tropfen Rosenöl dazu geben.

Information Walrat:
- Ursprünglich ging man davon aus, dass Spermaceti (lateinisch sperma ceti) das Sperma des Pottwals sei.
- Cetus bedeutet auf lateinisch *Seeungeheuer* oder *Wal*, wörtlich übersetzt bedeutet Spermaceti also Walsperma (früher auch Walsat genannt.
- Bis heute wird der Pottwal auf englisch Sperm whale genannt.
- Die deutsche Bezeichnung Walrat rührt daher, dass die Substanz als Heilmittel galt.
  („Dieweil es bald hilft und rath thut in etlichen Gebrechen", Adam Lonitzer).

127

- Walrat ist nicht mit Ambra zu verwechseln.
- Spermaceti findet sich im sogenannten Spermaceti-Organ und der Junk-Melone des Pottwals (Physeter macrocephalus auch Kaschelott, Cachelot), die im Prinzip eine überdimensionierte Melone darstellen.
- Dieses weiße, weiche, schwammige Gewebe befindet sich über den Kieferknochen und ist mit Spermaceti gesättigt.

Handpflege.
- Das beste Mittel: Glyzerin mit Kölnisch Wasser und Zitronensaft zu gleichen Teilen vermischt.

Besonders weiche Haut
- an den Händen erzielt man, wenn eine Mischung von ungezuckertem Apfelbrei mit Glyzerin verwendet wird.

Gegen raue Hände.
- Hände tüchtig einseifen und sie dann in feines Sägemehl eintunken.
- Lauwarm nach waschen.
- Auch zur Verschönerung der Gesichtshaut geeignet.
- Der Erfolg wird überraschen.

Zur Pflege der Hände bei sehr grober Arbeit
- ist das Waschen mit Molke zu empfehlen.
- Auch ein erbsengroßes Stück Honig auf den noch feuchten Händen verrieben, gibt eine glatte weiche und sehr geschmeidige Haut.

Braune Flecken an Gesicht und Händen.
- Die braunen Gesichtsflecken werden mehrmals täglich mit purem Wasserstoffsuperoxyd betupft.
- Auch mit einer etwa 10 %igen Präzipitat-Wismutsalbe langsam zur Schälung zu bringen.

Wichtig: Vom Arzt zu verschreiben !   128

Informationen:

Wasserstoffsuperoxyd Chemische Bezeichnung: Wasserstoffperoxid, Lateinische Nomenklatur: Hydrogenium peroxidatum, Formel: H2O2

Wichtigste Verwendung:

- Bleichmittel für organische Substanzen, stark   verdünnt (3%) zur Wund- und   Munddesinfektion.
- Bei geringerer Verdünnung als 10 % unbedingt   Mund-, Augen- und Handschutz verwenden!

Vorsicht: Mund- Augen- und Handschutz tragen!

Bismut oder Wismut

- ist ein chemisches Element, das – zunehmend seltener - in Kombination mit anderen Wirkstoffen eingesetzt wird.

Wismut

Medizinische Verwendung:

- Wismut Brandbinde, auch Bardelebensche Brandbinde zur antiseptischen Wundbehandlung.
- Früher wurde Wismut als Bestandteil von   Wundpulvern benutzt (Dermatol)

Rote Nase.

- Man betupfe die Nase täglich mehrmals mit einem Benzinläppchen.
- Nachts mit einer 5%igen Ichthyolzinksalbe innen

und   außen bestreichen.
- Heiße Getränke, Alkohol usw. vermeiden.

Information: Entzündungshemmende Salbe
- Ichtholan Salbe enthält sulfoniertes Schieferöl und ist bekannt als Zugsalbe z. B. um entstandenen Eiter (bei Furunkeln) schnellstmöglich an die Hautoberfläche ziehen zu können.
- Sie kann schmerzhafte Hautentzündungen meist innerhalb weniger Tage vermindern und somit   weiteren Komplikationen vorbeugen.
- Ichthyolzinksalbe ist eine Kombination aus Schieferöl und Zink.
- Kann in Apotheken gekauft werden.

Rote Haut an Nase und Gesicht
wird beseitigt mit folgendem Mittel:
- Ein Lot Wismutweiß (Wismutoxid) und ein Lot Bleiweiß in einer steinernen Reibschale mit etwas Rosenwasser zerreiben und ein Lot Kampferspiritus dazu tun.
- Vor Gebrauch die Flasche schütteln und mit Leinwandläppchen einreiben.
- Das Mittel stellt jede Apotheke her.

Information:
- Ortsabhänig war ein Lot zwischen 14 und 18 Gramm.
Warnung:
- **Bleiweiß wird und darf heute nicht mehr für Schmicke verwendet werden!!**
- **Gefährdet die Gesundheit!!**

Verschiedene Mittel gegen Mitesser.
- Ein sehr wirkungsvolles Mittel ist die Bimssteinseife,   mit welcher man die betr. Hautstellen tüchtig   wäscht.

- Dadurch wird die Haut gelinde abgeschliffen und so eine Verstopfung der Hautporen und Ansammlung von Talg verhindert.

Information:
- Bimssteinseife erhalten Sie in gut sortierten Drogerien oder über Naturkosmetik online.

Die Mitesser vor dem Schlafengehen
- mit süßer Butter einreiben, morgens warm abwaschen.
- Mehrmals wiederholen und sie sind für immer verschwunden.

Kamillentee zur Haarwäsche.
- Es gibt kein besseres ein einfacheres Mittel als Kamillentee, um das Haar zu entfetten.
- Blondes Haar behält dadurch auch seine natürliche Farbe.

Gegen fettiges Haar
- helfen auch Waschungen mit Schwefelseife oder warmem Seifenwasser, dem etwas Mandelkleie oder Borax beigefügt wird.
- Auf einen Liter Wasser ein Esslöffel voll.

Gegen Haarausfall.
Einreiben der Kopfhaut mit:
60 Kubikzentimeter   Alkohol,
60 Gramm   Rizinusöl,
 2 Gramm   Tannin
10 Tropfen   Thymianöl

Information:
- **Tannin** ist auch in Rotwein enthalten, und zwar in den Kernen und Stielen.

131

- Tannin wird bei Hauterkrankungen, leichten Verletzungen und Verbrennungen äußerlich angewendet.
- Kleine Blutgefäße, die oberflächlich verletzt sind, lassen sich durch Tannin verschließen.
- So kommt Tannin zum Beispiel bei Nasenbluten zur Anwendung.
- Auch lindert es Entzündungen in Mund und Rachen.

Ein weiteres Mittel:
- Die Kopfhaut wird täglich kräftig mit Franzbranntwein eingerieben.
- Auch gegen Kopfschmerze ist dies ein vorzügliches Mittel.

Starker Haarausfall wird beseitigt. Mischung:
2 g   Chinin
200 g   alter Rum oder Franzbranntwein und
202 g   geriebene Zwiebeln
- mischen und damit wöchentlich die Kopfhaut einmal einreiben.

Wie entfernt man Damenbart?
- Wasserstoff-Superoxid und Salmiak mischen und damit täglich mindestens einmal die Haare betupfen.
- Die Haar werden allmählich blond, brechen ab und verschwinden.
- Nicht rasieren oder zupfen.

Lästigen Achselschweiß
- beseitigt man am Besten durch Einreiben mit essigsaurer Tonerde nach dem Waschen.

Weiße Fingernägel

- erhält man, wenn dem Waschwasser etwas Wasserstoff und Salmiakgeist zugesetzt wird und dann die Nägel kräftig bürstet.

Spröde Fingernägel

- werden geschmeidig durch einfetten mit Olivenöl.

Duftendes Waschwasser.

- ¼ Teelöffel voll Benzoetinktur mit dem Waschwasser mischen.

Information:

- Benzoetinktur wird aus Benzoe-Harz hergestellt.
- Man kann sie selbst ansetzen, oder meist fertig in Apotheken kaufen.

Gegen fettige Haut

- sind regelmäßige Waschungen mit Kaiserborax ½ Teelöffel in zirka 1 Liter lauem Wasser aufgelöst vorteilhaft.

Information:

- **Kaiser Borax** ist ein altes Bade- und Waschkosmetikum.
- Gekauft werden kann es auch im Internet.

Gesichtsfalten verschwinden

- durch Wasserdämpfe. Täglich einmal zirka 5 Minuten das Gesicht über Wasserdampf halten.

* * *

4. Haus und Garten

Ungeziefer - Vertilgung bei Tieren und im Garten

Seifenwasser im Garten zu verwenden.

- Seifenwasser kann im Garten nützliche Verwendung finden.
- Bei nassem Wetter eignet es sich zum Begießen der Zwiebelfelder.
- Seifenwasser düngt und schützt die Felder gleichzeitig vor den Zwiebelfliegen.
- Bei trockenem Wetter nur verdünnt und kalt geben.

Als Vertilgungsmittel von Ungeziefer

- in Haus und Garten hat sich das sogenannte Taschenbergsche Mittel bewährt.
- Man lässt in einem Eimer kochendem Wasser eine handvoll Wermut ausziehen und dies etwa 16 Stunden stehen.
- Mit diesem Wermutwasser begießt man die vom Ungeziefer angegriffenen Pflanzungen.

Gegen Ungeziefer

- auf Johannis- und Stachelbeerpflanzungen empfiehlt sich die Anwendung von Alaunlösung.
- 1,3 Kilo Alaun werden in kochendem Wasser aufgelöst, die Lösung mit Wasser auf 20 % verdünnt und damit die Sträucher begossen.

Gegen Ameisen in Gemüsegärten

- ist das Auslegen von Vitriol bestrichenen Latten das einzige sichere Mittel, diese von den Pflanzungen abzuhalten.
- Das Ausstreuen von ungelöschtem Kalt ist bei trockenem Wetter ebenfalls zu empfehlen.

Gegen Ratten im Garten

- wende man Karbid an.
- Einige Brocken werden in die   Löcher gestopft und leicht mit Erde verdeckt.

Warnung:

- **Karbid ist sehr explosiv, auch sollte man sich mit Handschuhen und einer Brille schützen.**
- **Informieren Sie sich unbedingt genau vor einer Anwendung!**

Mehltau an Rosen

- wird bekämpft durch Spritzen mit Schwefelkalkbrühe   im Verhältnis 1 : 40.

Information:

- pilztötendes Spritzmittel aus Schwefel und gelöschtem Kalk gegen echte Mehltauarten, Blatt- und Schildläuse, Obstschorf u.a.

Gegen Blattläuse

- verwendet man Tabaksaft oder Nikotinseife.

Vogelschutz.

- Knoblauchknollen werden in unmittelbarer Nähe der Trauben usw. aufgehängt.
- Die Vögel werden durch den starken Geruch   vertrieben.

Gegen Gartenschnecken.

- Krautblätter bestreicht man auf deiner Seite mit ranziger Butter und legt diese an die befallenen   stellen.

Tipp:

- Bier in tieferen Behältern leicht in die Erde eingegraben ziehen die Schnecken an und   sie kommen nicht mehr heraus.

Insekten vom Vieh fernzuhalten.

- Ein wirksames Mittel, Bremsen und Fliegen vom Vieh fernzuhalten, ist das Einreiben des Viehes mit folgender Mischung:
eine handvoll Lorbeerblätter lässt man in deinem Kilo Schweineschmalz fünf Minuten sieden.
- Damit werden die Tiere eingerieben und die lästigen Insekten meiden das auf diese Weise geschützte Tier völlig.

Ungeziefer in Stallungen.

- Nussbaumblätter und die Schalen grüner Walnüsse werden im Stall ausgelegt, diesen Geruch meiden die Fliegen und Insekten.

Ungeziefer in Taubenschlägen und Hühnerställen.

- Die Tauben haben sehr unter der Taubenmilbe zu leiden.
- Zu ihrer Vertilgung wird wiederholtes Schwefeln des Schlages oder Stalles empfohlen.
- Ferner bepinselt man das Holz mit in Wasser aufgelöstem Kalk, mit etwas Schmierseife vermengt.

Das Entfernen von Moos

- auf Holz, Dächern, Wänden usw.
- Die von Moos befallenen Stelen bestreicht man mit einem Brei von frisch gelöschtem Kalk, welchem man Eisenvitriol zusetzt, das Moos stirbt ab und kann mit Wasser abgespült oder abgebürstet werden.

Blumenpflege,

- Zimmerpflanzen leiden unter Erdflöhen und Würmern.
- Erdflöhe verschwinden, wenn man Streichhölzer mit den Köpfen in die Erde steckt.
- Auch die Würmer gehen dadurch an die Oberfläche.
- Legt man ein Stück faulen Apfel auf den Blumentopf, so

setzten sich die Würmer daran fest und können   dann
leicht entfernt werden.

Läuse an Tieren
- tötet man mit Wasser, in welchem Kartoffeln gekocht
  wurden.

5. Verschiedene nützliche Rezepte

Ein gutes Fleckwasser.
Ein Fleckwasser, das selbst die zartesten Farben nicht
angreift, bereitet man auf folgende Weiße:

25	Gramm gereinigtes Terpentinöl
1,57	Gramm rektifizierter Weingeist
1,57	Gramm Schwefeläther werden mit
15	Tropfen Zitronenöl
-	vermischt, durchgeschüttelt und in einer verschlossenen Flasche aufbewahrt.

Information: Diethylether – veralteter Begriff ist Schwefeläther

Eine praktische Fleckenseife.
- Man schüttet
- 50 Gramm kohlensaures Natron in einen Liter
  abgekochtes Wasser und fügt
- 500 Gramm geschabte, weiße Seife dazu.
- Zum Schluss kommen noch sechs Gelbeier hinzu.
- Die Masse lässt man so lange kochen, bis sich die Seife
  zersetzt hat.
- Hierauf gießt man die Seife in Formen.

Information: Gelbeier = Eigelb 😄

Selbstbereitung einer guten Toilettenseife.

- 500 Gramm gute, gewöhnliche Seife übergießt man   mit Regenwasser, stellt das Gefäß ins Wasserbad,   bis sich die Seife aufgelöst hat.
- Dann gibt man unter Umrühren 30 Gramm Honig zu und setzt das Kochen so lange fort, bis das Wasser verdampft ist.
- Man kann die Seife auch beliebig parfümieren und darauf in passende Formen drücken.
- Diese Seife macht die Haut geschmeidig und leistet gute Dienste bei aufgesprungenen Händen.

Hustenmittel.

- Ein nicht versagendes Mittel, auch bei stärkster Erkältung:
- In ein viertel Liter kochendes Wasser schütte man
- ein halbes Pfund Streuzucker hinein, den man während des Kochens etwa 3 Minuten lang umrührt, fügt dann etwa
- 60 Gramm Anis, dreifach konzentriert, hinzu und man   hat einen vorzüglichen Hustensirup.
- Täglich löffelweise mehrmals einnehmen.

Wichtig: Nicht einnehmen bei Anis-Allergie!!!

Blutreinigungstee.

Einen bekömmlichen Blutreinigungstrunk ergeben die getrockneten Blätter der jungen Birken und die Blüten der gelben Schlüsselblume.

Rosmarinwein

- stellt man sich leicht selbst her:
- Eine handvoll Rosmarinblätter lässt man in einem Liter Weißwein zu zugedeckt, an einem dunklen Orte   24 Stunden ziehen, hernach filtrieren.

Birkenhaarwasser.

- Ein recht gutes Haarwasser ergibt der Birkensaft   unter Beimischung von Alkohol   absolutus (durch   Drogerie beziehen).
- Auch kann eine wohlriechende Essenz zugegeben werden.

Gegen Haarausfall.

- In einem ganzen Liter Wasser wird
  ein halbes Pfund feingeschnittener **Brennnesselwurzeln** 30 Minuten lang, unter Hinzufügung eines halben Liters Essig, gekocht.
- Das Ganze durchseihen und den Absud verwenden.
- Damit die Kopfhaut täglich abends einreiben.

Knoblauchsaft

gewinnt man am leichtesten, wenn man die Knollen vermittelst einer kleinen Handpresse auspresst.

Salbe gegen trockene Flechten.

- Drei Teile Wasser mit
- einem Teil Pappelknospen drei volle Stunden kochen lassen.
- 2 Teile Schweinefett zusetzen und das Gemisch so lange kochen lassen, bis das Wasser verdunstet ist.
- Man mischt dann noch
- einen Teil Rindermark,
- ein Teil Wachs und
- etwas Kokosöl bei und das Ganze nochmals leicht kochen.

Salbe gegen Runzeln.

Man nehme den:
- Saft von weißen Zwiebeln und
- weißen Lilienzwiebeln,

- je 64 Gramm
- ebenso viel feinen Honig und
- 32 Gramm weißes Wachs
- bringe alles in einem irdenen Geschirr aufs Feuer   und lasse es darauf, bis das Wachs geschmolzen ist. - Rühren, bis die Mischung erkaltet ist.

Ein billiges Färbemittel.
- Holundersaft, dem man je nach Wasserzusatz eine zartrosa bis tiefviolette Färbung geben kann, ist als billigstes Färbemittel wenig bekannt.

Petersburger Punsch.
Zutaten:
1 kg   Kandiszucker
5   Zitronen, davon den Saft
3-5 L   schwarzen schwachen Tee, je nach Geschmack
1 Fl   Rum

Zubereitung:
- Den Kandiszucker in wenig heißem Wasser völlig auflösen.
- Den Saft der Zitronen durch einen Sieb dazu geben.
- Schwachen, kochend heißen schwarzen Tee dazu schütten und etwas verdampfen lassen.
- Dann eine Flasche Rum beigeben.
- Zudecken und kurz ziehen lassen

Weiße Tinte.
- Barntweiß mit Wasserglas zu einem dicken Brei verrühren,
- mit Wasser verdünnen und
- 1/8 Teil Alkohol dazu.
- Hernach mit Wasser verdünnen, bis dünnflüssig   genug.

Anmerkung:

- Barntweiß - Barytweiß / Baliumsulfat.
- Es wird auch als Malerweiß genommen.

Salbe gegen Frostbeulen.

- 25 g Kollodium in
  8 g Schwefeläther auflösen, gut verrühren und
  1 g Jodtinktur zusetzen.
- Täglich 2mal damit einreiben, verschwinden die
  Frostbeulen.
- Verschlossen aufbewahren.

Information:

- Kollodium ist eine zähflüssige Lösung aus   Kollodiumwolle
  in einer Mischung aus Ether und   Alkohol (1:2).
- In der Medizin findet es Verwendung als
  Verschlussmittel für kleinere Wunden und zur   Herstellung
  von Hühneraugen- und Warzentinkturen.

Bildquellen

Bockshornklee:
https://www.piqsels.com/de/public-domain-photo-fquyj/

Salbei:
https://www.piqsels.com/de/public-domain-photo-fzige/

Sauerampfer:
https://www.piqsels.com/de/public-domain-photo-jabrr/

Kiefernadeln:
https://www.piqsels.com/de/public-domain-photo-jabrr/

Rosmarin:
https://www.piqsels.com/de/public-domain-photo-jjihg/

Zitrone:
https://www.piqsels.com/de/public-domain-photo-szuic/

Zwiebeln:
https://www.piqsels.com/de/public-domain-photo-zkwxc/

Eier:
https://www.piqsels.com/de/public-domain-photo-zboue/

Schlehen:
https://www.piqsels.com/de/public-domain-photo-fgreu/

Eukalyptus:
https://www.piqsels.com/de/public-domain-photo-zlsaa/

Kartoffeln:
https://www.knobi-farm.de/shop/

Lavendel:
https://www.piqsels.com/de/public-domain-photo-suvio/

Milchkanne:
https://www.piqsels.com/de/public-domain-photo-snahv/

Steinklee:
https://www.piqsels.com/de/public-domain-photo-fhtua/

Holunderbeeren:
https://www.piqsels.com/de/public-domain-photo-zhcqn

Anis:
https://www.piqsels.com/de/public-domain-photo-fhhro

Fichtenspitzen
https://www.piqsels.com/de/public-domain-photo-jrzrq

Kartoffeln
https://www.piqsels.com/de/public-domain-photo-snxpq/

Wismut
https://www.piqsels.com/de/public-domain-photo-fkbjj

https://www.pexels.com/de-de/suche/Zitronen/

https://www.pexels.com/de-de/suche/Orangen/

https://www.pexels.com/de-de/suche/Apfel/

https://www.pexels.com/de-de/suche/Birne/

https://www.pexels.com/de-de/suche/Kirsche/

https://www.pexels.com/de-de/suche/Pflaume/

https://www.pexels.com/de-de/suche/Pfirsich/

https://www.pexels.com/de-de/suche/Feigen/

Datteln
https://www.piqsels.com/de/public-domain-photo-srgxt/

Weintrauben
https://www.piqsels.com/de/public-domain-photo-fzruv/

https://www.pexels.com/de-de/suche/johannisbeeren/

https://www.pexels.com/de-de/foto/nahaufnahme-von-preiselbeeren-306800/

https://www.pexels.com/de-de/suche/Heidelbeeren/

pexels-apasaric-2872755-Bananen

https://www.piqsels.com/de/public-domain-photo-zsqmw/

Quellennachweise

Odermennig – Odermenning:
https://www.kraeuter-buch.de/kraeuter/odermennig.html

Terpentinöl:
https://www.docjones.de/wirkstoffe/kiefer/terpentinoel

Schlehdorn
https://www.pflanzen-lexikon.com/Box/prunus_spinosa.html

Heublume
https://heublumen.net/heublumen-heilpflanze/

Bertramwurzel
http://bertram-wurzel.de/

Nelkenwurz
https://de.wikipedia.org/wiki/Echte_Nelkenwurz#Heilpflanze

Bohnenmehl
Wikipedia, Bauernzeitschriften

Lapislösung, Federweiss – Talk
https://www.pharmawiki.ch/wiki/index.php?wiki=Talk

Quillaja – Seifenrindenbaum
https://de.wikipedia.org/wiki/Quillaja

Carbolineum – Steinkohleteeröl
https://de.wikipedia.org/wiki/Carbolineum

Oxalsäure
https://de.wikipedia.org/wiki/Oxals%C3%A4ure

Schlämmkreide
Quelle: www.pinterest.de/schlaemkreide

Eisenvitriol – Eisensulfat
https://de.wikipedia.org/wiki/Eisen(II)-sulfat

Steinklee - Honigklee
https://de.wikipedia.org/wiki/Steinklee

Teerseife
https://hilfsmittel-ratgeber.de/teerseife/

Walrat – Spermaceti
https://de.wikipedia.org/wiki/Walrat

Karbid
https://gartenora.de/karbid/#Sicherheitshinweise

Meine Bücher bei BoD

„ Segen der Natur „ Teil 1

„ Segen der Natur „ Teil 2

„ Vegetarische Gerichte – Lecker und Gesund „

„ Wild- und Heilkräuter in der Küche „

„ Regrowing – Recycling in der Küche „

Vorschau:

Vegetarisch II